SWU-700-014

LA GUERRA DI SARDEGNA E DI SICILIA 1717-1720. GLI ESERCITI CONTRAPPOSTI: SAVOIA, SPAGNA, AUSTRIA

PARTE 2
L'ESERCITO SPAGNOLO NEL 1717-1720 E
LA GUERRA PER LA CONQUISTA E LA
DIFESA DELLA SARDEGNA E DELLA SICILIA

TOMO 2

SOLDIERSHOP

AUTORI

Giancarlo Boeri (Sanremo 1944), Laurea in Fisica, fin dall'infanzia si è dedicato allo studio della storia e dell'iconografia militare dei secoli XVII e XVIII. Nel tempo ha approfondito tutti gli aspetti sugli eserciti degli Stati preunitari italiani, dell'esercito spagnolo, francese e degli Stati dell'Europa occidentale del XVII e XVII secolo, tanto da divenire un punto di riferimento per gli studiosi del campo. Ha scritto numerosi articoli e libri, da solo e con altri autori in Italia e all'estero, tra cui una serie di volumi sull'esercito borbonico dalla Rivoluzione francese alla fine del Regno di Napoli (1789-1861), pubblicata dall'Ufficio Storico dello Stato Maggiore dell'Esercito. Ha pubblicato, inoltre, diverse opere sulle uniformi delle Marine degli Stati italiani preunitari ed una serie di monografie, in italiano ed inglese, sugli eserciti sabaudo, spagnolo, francese, imperiale austriaco, operanti tra Seicento e Settecento.

Josè-Luis Mirecki Tenente di fanteria in pensione, investigatore e storico militare. Nato a Madrid nel 1958. Ha già lavorato come co-autore con Giancarlo Boeri negli eserciti spagnoli nella guerra della Lega di Augusta (1688-1697), pubblicato da The Pike & shot Society nel 2011; "los Tercios de Carlos II durante la Guerra de los Nueve anos (1689-1697)", pubblicato con Pen & Sword nel 2005. Con il collega José Palau Cuñat, purtroppo deceduto, ha collaborato alla stesura di: "Rocroy, cuando la honra española se pagaba con sangre, Editorial Actas, 2016. Recentemente è impegnato nella ricerca sul tentativo di riconquista dell'Impero realizzato da Felipe V tra il 1715 e il 1746.

Paolo Giacomone Piana (Genova 1959) Studioso di storia militare, in particolare di storia della repubblica di Genova, della marina e dell'esercito, ha pubblicato numerosi saggi ed articoli, molti in collaborazione con il compianto Riccardo Dellepiane, tra cui il libro *Militarium*.

Guglielmo Aimaretti, Nato a Villafranca Piemonte, in provincia di Torino, vissuto a Torino fino al 1971 è stato docente di Discipline Artistiche ad Alba. Fin dalla giovinezza collezionista e cultore di documentazione storico-militare ha affiancato all'attività docente quella di illustratore nell'ambito uniformologico collaborando con l'editoria specializzata. Molti suoi lavori sono in collezioni private in Italia e all'estero .

Roberto Vela, (Acqui 1952). Appassionato di storia militare, cultore di storia locale e di araldica, uniformi ed armi dei secoli XVII-XVIII, si è dedicato alla ricerca iconografica e alla produzione di disegni ed illustrazioni per numerose pubblicazioni, apparse, tra l'altro, sul Bollettino dell'Accademia di San Marciano. Ha collaborato da alcuni decenni con Giancarlo Boeri per le pubblicazioni partecipando alle ricerche storiche relative.

PUBLISHING'S NOTE

RINGRAZIAMENTI

Gli autori desiderano ringraziare per il sostegno e la collaborazione alle ricerche fornita nel corso degli anni il personale dell'Archivio General de Simancas, particolarmente Isabel Aguirre, e da numerosi studiosi, tra cui vogliono ricordare Carlos Belloso, Antonio Rodriguez, Robert Hall, Luis Sorando.

Un sentito ricordo per Pepe Palau e Jesus Alia-Plana, con i quali abbiamo condiviso tante ricerche negli archivi di mezza Europa, la cui immatura scomparsa ci ha privato della loro amicizia e collaborazione.

Title: **LA GUERRA DI SARDEGNA E DI SICILIA 1717-1720. GLI ESERCITI CONTRAPPOSTI: SAVOIA, SPAGNA, AUSTRIA - Parte 2 L'Esercito Spagnolo nel 1717-1720 e la Guerra per la conquista e la difesa della Sardegna e della Sicilia - Tomo 2.** By G.C.Boeri, J.L.Mirecki e P.Giacomone Piana. Tavole di G.Aimaretti e R.Vela. Prima edizione by Luca Cristini Editore per i tipi di Soldiershop. Novembre 2018 Cover & Art Design: L.S. Cristini.

ISBN code: 978-88-93273947

LA GUERRA DI SARDEGNA E DI SICILIA 1717-1720. GLI ESERCITI CONTRAPPOSTI: SAVOIA, SPAGNA, AUSTRIA

PARTE 2
L'ESERCITO SPAGNOLO NEL 1717-1720 E LA GUERRA PER LA CONQUISTA E LA DIFESA DELLA SARDEGNA E DELLA SICILIA
TOMO 2

INTRODUZIONE

Nella trattazione, in tre parti, delle vicende che ebbero luogo nelle isole di Sardegna e di Sicilia tra il 1717 ed il 1720 si presenterà lo svolgersi delle operazioni militari che videro contrapposti l'esercito e la marina spagnola e quelli austriaci e sabaudi e un'analisi delle forze militari impiegate.

Filippo V Borbone, Re di Spagna, non si era rassegnato alla situazione che si era creata alla fine della guerra per la successione spagnola, che aveva visto l'occupazione da parte degli austriaci dei possedimenti spagnoli in Italia (Milano, Sardegna, Regno di Napoli) nonché quello di Sicilia ceduto a Vittorio Amedeo II di Savoia e, alla prima occasione (l'impero austriaco era impegnato in una durissima guerra contro i Turchi) inviò un fortissimo corpo di spedizione, che occupò un dopo l'altra la Sardegna e la Sicilia.

Le potenze garanti dei trattati di pace del 1714 e dell'assetto che ne era conseguito (in primis la Gran Bretagna e la Francia) reagirono.

La Gran Bretagna inviò una potente flotta nel Mediterraneo, che ribaltò il rapporto di forze e praticamente impedì che l'esercito spagnolo nelle due isole potesse ricevere soccorsi.

L'impero austriaco da Milano e da Napoli raccolse ed inviò un numero sempre crescente di truppe, che invasero a loro volta la Sicilia (il cui dominio era stato nel frattempo ceduto da Vittorio Amedeo all'Austria in cambio del regno di Sardegna). La coalizione europea costrinse alla fine la Spagna a rinunciare alla sua avventura ed evacuare le due Isole.

Questo secondo libro sulla **Guerra di Sardegna e di Sicilia (1717-1720)** (a sua volta diviso in due tomi) si incentra sulla partecipazione dell'esercito spagnolo alla vicende della guerra, combattuta per quasi quattro anni sulle due isole mediterranee, sulla sua organizzazione e le sue uniformi. Il primo volume della serie (già pubblicato) ha delineato nell'insieme la situazione complessiva entro la quale si sono svolti gli eventi del conflitto ed ha trattato l'evolversi delle vicende, viste dalla parte sabauda, mentre il terzo volume riguarderà l'esercito austriaco e la flotta britannica.

GianCarlo Boeri

◄ *Ritratto di Filippo V, opera di Jean de Rang, Museo del Prado, Madrid*

INDICE

UNIFORMI DELL'ESERCITO SPAGNOLO

Le uniformi dell'esercito spagnolo durante la guerra della Successione per il trono di Spagna, erano state confezionate ricorrendo in larga misura ai mercanti francesi, dato che l'industria nazionale non era stata in grado di soddisfare le richieste ingenti e pressanti che derivavano dall'enorme numero di truppe che venivano levate in breve tempo e dal fatto che il territorio della corona era costantemente oggetto d'azioni di guerra. Con la fine delle operazioni belliche della guerra per la Successione spagnola, anche per la necessità di evitare che ingenti somme finissero ai commercianti al di là dei Pirenei e per sviluppare una moderna industria sul suolo spagnolo, l'ingresso di vestiari provenienti dalla Francia andò diminuendo e si eliminò totalmente nel 1717 con la promulgazione di un Real Ordine con il quale si proibiva l'importazione in Spagna di capi che non fossero confezionati con panni prodotti nel paese (salvo eccezioni per generi particolari non reperibili sul mercato interno, in particolare per alcuni panni fini per le uniformi degli ufficiali e dei corpi della Casa reale). Dal 1719 con un apposito decreto venne prescritto che anche per gli ufficiali ed i corpi di guardia i panni dei vestiari fossero di produzione nazionale[1].

Il vestito del soldato, come succedeva già nei regni spagnoli della Casa degli Asburgo era di grande importanza, poiché in primo luogo identificava chi era soldato, da chi non lo era e poi dava coesione alla sua unità.

Il *Regolamento e Ordinanza per la paga, servizio, meccanica e forma nella quale dovrà sussistere, e servire la fanteria dal primo di gennaio 1707*, stabilisce che il vestiario completo si doveva dare, a partire dal 1708, ogni due anni, operandosi una ritenzione di denaro ai soldati dal loro soldo per sostenerne la spesa, questa ritenzione era chiamata *Gran Massa*. Nel periodo intermedio dei due anni, i soldati avrebbero ricevuto il mezzo vestiario, composto da un paio di calzoni, un paio di calze, un cappello, un paio di scarpe, una camicia e una cravatta, gli elementi che subivano una maggiore usura, di modo che le truppe fossero vestite in ogni momento al meglio possibile. Vi era un'altra ritenzione sul loro soldo di minor entità, destinata alle spese minori (*Masita*).

Nel regolamento del 20 aprile 1715 *sobre los sueldos, paga y ajuste de los Regimientos de Infantería, Caballería y Dragones*, figura chi doveva sostenere il costo delle distinzioni nelle uniformi: «E benchè i vestiti dei Sergenti della fanteria, Tamburi, Trombe e Timballieri si devono gallonare nella forma e con le distinzioni come si è fatto finora, desidero che queste spesa, in tutto ciò che eccedesse la Massa, sia supplita dalla *mi Real Hacienda ...*»[2].

Non abbiamo individuato un'ordinanza specifica nè ordini particolari che fissassero la forma dei galloni di queste uniformi e ogni colonnello li ordinava a suo gusto, normalmente con i colori del suo casato (o della divisa del reggimento) e fattura diversa, con ciò fino a ben inoltrati nel regno di Filippo V non si conseguì la uniformizzazione.

In Spagna, a differenza di altri stati europei, la fornitura dei vestiari all'esercito avveniva generalmente tramite la stipula di un contratto generale che regolava le condizioni (economiche e tecniche) con cui dovevano essere confezionati e consegnati gli effetti ai corpi dell'esercito (di solito per un certo numero di reggimenti con l'eccezione di corpi particolari, quali quelli della Casa Reale, che provvedevano direttamente stipulando contratti *ad hoc*).Il 20 luglio 1717 da parte dell'amministrazione si firmó un contratto con Joseph García de Asarta in base al quale egli si obbligava a «*proveer todos los Vestuarios que según Ordenanza y Reglamentos, se deviessen dar, a los Regimientos de Infantería, Cavallería, y Dragones de los Exércitos de Su Maxestad (exclusas sus Reales Guardias) en el termino de quatro años contados desde 1º del propio mes de Julio, hasta fin de Junio de 1721. Con diferentes*

---

1   *Real cédula sobre que los uniformes de las tropas sean de fábricas de España*, in JOSÉ ANTONIO PORTUGUÉS Y MONENTE, *Colección General de las Ordenanzas Militares...*, cit., II, pp. 514-518.

2   *Ibidem*, p. 50.

Calidades, y Condiciones ...»[3]. La confezione dei vestiari si doveva eseguire con panni e tessuti delle fabbriche di Spagna, panno 22° per abiti e mantelli, e 20° per le vesti ed i calzoni[4].

I colori impiegati in questo contratto furono il bianco, bleu, verde, paglierino (giallo) e rosso.

La composizione del vestiario del soldato era la seguente[5]:

Tabella 1 Generi di Vestiario

Genere	Fanteria	Cavalleria	Dragoni	Osservazioni
Abito	1 ¹¹/₁₂ vara	2 ¼ vare		Panno 22°
Paramani	¼ di vara	¼		Panno 22°
Fodera dell'abito	3 ²/₃ vara	4 ¼ vare		Flanella
Bottoni per l'abito	2 ½ dozzine	2 ½ dozzine (metallo)		Stagno
Veste	1 ½ vare	1 ½ vara		Panno 20°
Fodera della veste e polsi	3 vare	Tre vara		Tela
Bottoni per la veste	Due dozzine	Due dozzine		Stagno
Calzoni con tasche	Tre quarti di vara	Tre quarti di vara		Panno 20°
Fodera dei calzoni	1 2/3 di vara	Una vara e due terzi		Tela
Due camicie				
Due cravatte	1 ⁵/₆ Vara di lunghezza e ¼ e 2 dita di larghezza			Tela.
Un paio di calze	Bianche			Cotone di tre fili
Un paio di scarpe di vacchetta				
Cappello	di 14 oncie di peso			Con bordo e cordoncino di filo
Cinturone di ante	Uno			
Giberna	Uno			
Fiasco con la cinghia	Uno		Uno	
Cordone	Uno			
Cinghia portafucile	Una			
Cappa				
Un paio di stivali				
Gualdrappe e fonde		Una vara	Una vara	Panno 20°
Fodera delle gualdrappe e fonde		Due terzi	Due terzi	Tela di Angulema

Già nel novembre 1703 si era dato ordine agli ispettori della fanteria e cavalleria di Fiandra che ... *tutta la fanteria si vesta di panno biancastro, però potranno porre nelle rivolte delle maniche dei giustacorpi il colore, che a loro paresse opportuno.* Queste istruzioni, furono recepite in quelle già citate del 1707 in questa forma: ... *avendo ordinato di vestire, ed armare uniformemente la mia fanteria, che desidero sia tutta vestita di bianco, variando i colori nelle mostre ...*

Le uniformi erano ispirate di massima a quelle dell'esercito francese, di colore bianco per la maggioranza dei corpi di fanteria e di cavalleria di linea, ad esclusione dei due reggimenti delle Guardie spagnole e delle Guardie vallone, che ad imitazione del reggimento delle Guardie francesi, erano vestiti di bleu con mostre rosse ed alamari di filo bianco all'abito, e di alcuni reggimenti irlandesi che quasi sempre portavano il tradizionale colore rosso. L'artiglieria, su esempio francese, fu vestita in bianco con mostre e pantaloni blu fino al 1717, quando venne introdotta l'uniforme bleu con mostre rosse, colori divenuti poi tradizionali[6]. I due reggimenti svizzeri formati durante la guerra ebbero uniformi bleu come i reggimenti svizzeri al servizio di Venezia da cui proveniva la maggior parte dei loro componenti. I colori di divisa che vennero stabiliti in questo contratto

---

3 AGS, Tribunal Mayor de Cuentas, Legajo 1905 (v. Appendice IV).

4 Si denominavano i panni 22°, 20° etc. dal numero di fili che aveva il capo di lana.

5 AGS, Tribunal Mayor de Cuentas, Legajo 1905 (v. Appendice IV). Tutte le misure si riferiscono alla *vara* castigliana di 0,835 metri.

6 L'uso di uniformi bianche e blu appare evidente dai *Libros de entradas de soldados del Hospital de sta Creu de Barcelona*, Bibl. Cat.; per il documento in cui appaiono i nuovi colori v. Appendice IV.

rimasero in vigore con minime variazioni per oltre quarant'anni.

Il 17 novembre 1717 venne stabilito che il colore di fondo delle uniformi di tutti i reggimenti di dragoni divenisse il giallo, con mostre di colore diverso per i vari reggimenti, e questo colore di fondo caratterizzò la specialità nell'esercito spagnolo per oltre cent'anni, mentre prima si erano utilizzati colori differenti per gli abiti, in particolare il rosso. La diffusa convinzione secondo cui i dragoni spagnoli portavano abiti gialli fin dal Seicento, divenuti poi verdi verso il 1707, deriva dall'errata interpretazione di quadri raffiguranti soldati dei pochi reggimenti con abiti di questo colore (un paio in giallo, uno solo in verde).

Il vestiario di un fante era costituito da un abito (*casaca* in spagnolo) con mostre alle maniche e, spesso, fodera del colore distintivo del reggimento (bleu o rosso per la maggioranza di essi, anche se inizialmente si utilizzò spesso il colore bianco); i calzoni erano quasi sempre del colore dell'abito, mentre la veste (*chupa*) era di solito del colore delle mostre, ma poteva anche essere bianca. Le calze erano o del colore delle mostre o di colore bianco. È molto probabile che in campagna, al di sopra delle calze, si indossassero le ghette di tela, come in tutti gli altri eserciti europei dell'epoca, ma non abbiamo traccia scritta di ciò nei documenti ufficiali.[7] Tutti gli abiti e vesti della fanteria portavano due dozzine e mezza di bottoni, grandi i primi e piccoli le seconde. Una decorazione tipica degli abiti dei dragoni erano le cordelline nel colore delle mostre portate alla spalla destra (la cui il termine *dragona* per designare la spallina); rimane incerto se le portassero anche i cavalieri, come usava in Francia. In passato ciò era scontato, credendosi erroneamente che Filippo V avesse adottato integralmente uniformi e distintivi francesi: le riviste d'ispezione non ne fanno cenno, ma questo non basta a escluderne l'esistenza. I bottoni dovevano essere di metallo bianco (stagno) per i reggimenti di fanteria e per quelli di dragoni e di metallo giallo per i reggimenti di cavalleria. Faceva eccezione il reggimento di artiglieria, che pur essendo considerato un corpo di fanteria, aveva bottoni di metallo giallo. Era molto diffuso l'uso per la truppa di economici bottoni di legno ricoperti di panno. La scarsa importanza attribuita allora ai bottoni è evidenziata nei documenti dell'epoca che solo raramente ne fanno menzione: con riguardo ai corpi che presero parte alle spedizioni di Sardegna e Sicilia si trova specificato solo che *Artillería* e *Alcántara* avevano *botones de metal* (che nello spagnolo di allora era sinonimo di metallo giallo) mentre per *Cerdeña* si nota *galon de plata a los Sargentos*. Il cappello era di feltro nero del tipo a tricorno, con un bordo di gallone di lana bianca o gialla, a seconda del colore dei bottoni, ed una coccarda che di solito era rossa, il colore dei Borbone di Spagna, ma poteva anche essere nera per i reggimenti stranieri. I granatieri della fanteria avevano un berretto a punta guarnito di pelo d'orso e con "manica" pendente ripiegata di panno del colore distintivo bordata e ricamata di gallone bianco o giallo: una tavola (disegno a tratto bianco e nero) che accompagna la *Vera e distinta relazione de' progressi dell'Armi Spagnuole in Messina, e suo Distretto* (attribuita a Migliaccio), mostra gruppi di granatieri spagnoli sbarcati in Sicilia con berrettoni di pelo a punta; i granatieri dei dragoni portavano berretti simili, ma senza la guarnizione di pelo d'orso che fu introdotta anni dopo.

Le riviste d'ispezione smentiscono che gli abiti dei musicanti fossero nei colori nella livrea del colonnello, usanza francese che in Spagna non fu adottata, poiché i reggimenti non erano proprietà dei colonnelli, che li compravano, ma del sovrano, che li conferiva liberamente. L'ordine reale del 18 ottobre 1737, che proibiva tale pratica, fu emanato per reprimere un abuso introdottosi da poco, non per cambiare un'usanza stabilita da decenni I tamburi e i pifferi della fanteria, i trombettieri e timballieri della cavalleria e i tamburi dei dragoni avevano di solito abiti del colore delle mostre del reggimento (quindi con colori invertiti rispetto a quelli dei soldati), anche se talvolta potevano essere simili a questi (come nel caso di reggimenti con mostre nere), arricchiti in entrambi i casi da galloni della livrea del reggimento, «19 vare di gallone di livrea grande, dodici di mezzano e 8 di bordino». I reggimenti intitolati a membri della famiglia reale avevano di solito tamburi e trombe con la livrea della casa reale (abito bleu con mostre rosse) salvo la livrea rossa con mostre bleu di quelli intitolati alla regina. Il gallone di questi vestiari era identico a quello in uso nell'esercito francese per corpi

---

7   Nelle registrazioni delle entrate dei soldati ammalati all'Ospedale di Barcellona risultano però soldati con "*botines de tela*", cioè ghette di tela. Libros de entradas de soldados del Hospital de sta Creu de Barcelona Bibl. Cat.

analoghi.

Secondo il regolamento del 20 aprile 1715 *sobre los sueldos, paga y ajuste de los Regimientos de Infantería, Caballería y Dragones*, i vestiti dei sergenti, tamburi, trombe e timballieri continuavano ad essere guarniti con galloni di seta e filo nello stesso modo come per il passato. Il regolamento, vuole precisare i galloni da provvedersi a spese pubbliche, per cui non cita i sergenti di cavalleria e dragoni che dovevano decorare gli abiti di tasca propria. Non conosciamo disposizioni su come dovessero essere le casse dei tamburi: è probabile che vi fossero dipinte le armi del reggimento e i cerchi superiore ed inferiore dipinti a bande dei colori dell'uniforme; analogamente le drappelle delle trombe della cavalleria e le copertine dei timballi erano generalmente di panno ricamate con gli stessi colori ed emblemi che comparivano nelle rispettive insegne.

Gli ufficiali si vestivano a proprie spese con abiti dello stesso colore di quelli della truppa confezionati con panni di qualità più fine e con bottoni (e ricami) in oro o in argento; in servizio essi portavano in vita una sciarpa rosso scarlatta e quelli di fanteria una gorgiera in metallo dorato o argentato al collo.

L'art. 51 della *Real Adicion* alle ordinanze militari del 14 giugno 1716 prescriveva agli ufficiali di portare l'uniforme in ogni circostanza, con riferimento all'uso invalso fra essi di indossare normalmente abiti color «cannella» o «tabacco», riservando le costose uniformi gallonate per le circostanze solenni (come riviste e parate) o per le battaglie (alle quali fino alla guerra di Crimea era consuetudine partecipare in alta uniforme): furono norme come questa a dar origine alla «piccola» uniforme degli ufficiali, priva di galloni, che rimase per lungo tempo non regolamentata.

Nell'ordinanza del 30 aprile 1718 per l'esercizio della cavalleria e dragoni si stabilivano anche alcune prescrizioni sulla tenuta e armamento degli ufficiali:

Art. 124. Tutti gli ufficiali della cavalleria e dragoni dovranno avere una tenuta uniforme, non solo per quanto riguarda gli abiti ma anche per le gualdrappe e fonde delle pistole del colore distintivo del reggimento, ed anche le spade essere uniformi;

Art. 125. Tutti gli alfieri dovranno avere una bandoliera di *terciopelo* (tessuto vellutato) del colore distintivo del reggimento, guarnita da un gallone d'oro o d'argento, secondo i bottoni; ...

Art. 126. Tutti gli ufficiali dei carabinieri e dei dragoni dovranno avere *botines* (ghette di cuoio), e non usare stivali in campagna, perché si trovino sempre ad essere pronti à smontare e servire a piedi.

Art. 129, Tutti gli ufficiali dei dragoni, da capitano in giù, eccetto l'aiutante, dovranno essere armati di fucile e baionetta, da impiegarsi nelle funzioni a piedi ..., però con la differenza che i subalterni dovranno sempre portare queste armi, come i soldati, mentre i capitani potranno farle portare dai loro servitori per poterle impiegare rapidamente quando del caso[8]. Gli ufficiali superiori avevano spesso il cappello bordato di piumette bianche o rosse. Molte volte gli ufficiali avevano abiti, da usare in campagna o a riposo, di colore scuro o tabacco-cannella per risparmiare le uniformi ordinarie.

Le gualdrappe e i coprifonda dei corpi montati erano di solito nel colore delle mostre del reggimento con guarnizioni bianche o gialle secondo i bottoni (per i reggimenti che avevano mostre nere o bianche erano invece del colore di fondo dell'abito)[9]. Nella tabella seguente vengono riassunti i colori delle uniformi dei corpi che parteciparono alla spedizione in Sicilia, secondo quanto risulta dal contratto già citato per la confezione dei vestiari e da numerose riviste d'ispezione passate ai corpi[10]. La tabella differisce dal quadro riportato nel manoscritto del marchese de la Mina[11], che fu eseguito almeno trent'anni dopo i fatti e riporta talvolta i colori

8   José Antonio Portugués y Monente, *Colección General de las Ordenanzas Militares...*, cit., II, pp. 472-474.
9   *Regimientos de Cavalleria de Algarve, Calatrava, Alcantara y Malta botones de metal* [gialli], *72 capas de paño blanco con buelta de guerguilla* [recte jerguilla] *y 72 mantillas y pares de tapafundas del color de la divisa del Regimiento por cada Regimiento para el aumento de 6 hombres por Compañia ...*, AGS, Dirección General Tesoro, Inv. 7, Leg. 1 – 12. La jerguilla era un tipo di sàrgia.
10   Per l'uniforme dei battaglioni di Marina v. Appendice IV.
11   *Plano del Exercito del Rey que desembarcò en Sicilia ...* n° 12 in Marqués de la Mina (Jaime Miguel de Guzmán Dávalos y Spínola), *Colección de cuadros y planos sobre la Guerra de Cerdeña y Sicilia*, Biblioteca Nacional. Madrid, mss. Mss/6408.

in uso allora. Per i bottoni si rinvia a quanto scritto in precedenza.

Tabella 2   Vestiario dei Reggimenti che parteciparono alla campagna di Sicilia.

Fanteria

Reggimento	Abito	Veste	Calzoni	Fodera e paramani	Calze
Guardias Españolas	Az	Az	Az	En	En
Guardias Valonas	Az	Az	Az	En	En
Castilla	Bl	Bl	Bl	En	En
Navarra	Bl	Bl	Bl	Az	Az
Guadalajara	Bl	Bl	Bl	En	En
Saboya	Bl	Bl	Bl	Az	Az
Cantabria	Bl	Bl	Bl	Az	Az
Lombardia	Bl	Bl	Bl	En	En
Córdoba	Bl	Bl	Bl	Ve	Ve
Asturias	Bl	Bl	Bl	Am	Am
Burgos	Bl	Bl	Bl	En	En
Artillería	Az	Az	Az	En	En
Madrid	Bl	Bl	Bl	En	En
Valladolid	Bl	Bl	Bl	En	En
Aragón	Bl	Bl	Bl	En	En
Hibernia	En	Ve	En	Ve	Ve
Ultonia	En	Az	En	Az	Az
Borgoña	Bl	Bl	Bl	Az	Az
Utrecht	Bl	Bl	Bl	Az	Az
Milán	Bl	Bl	Bl	Az	Az
Haynaut	Bl	Bl	Bl	Az	Az
Irlanda	En	Az	En	Az	Az
Nápoles	Bl	Bl	Bl	En	En
Sicilia	Bl	Bl	Bl	Az	Az
Basilicata	Bl	Bl	Bl	Az	Az
Palermo	Bl	Bl	Bl	Az	Az
Mesina	Bl	Bl	Bl	Az	Az
Augusta	Bl	Bl	Bl	Az	Az
Valdenoto	Bl	Bl	Bl	Az	Az
Valdemazara	Bl	Bl	Bl	Az	Az
Valdemone	Bl	Bl	Bl	Az	Az
Cerdeña	Bl	Bl	Bl	Az	Az
Liguria	Bl	Bl	Bl	Az	Az

Cavalleria

Reggimento	Abito	Veste	Calzoni	Fodera e paramani
Borbón	Bl	En	Bl	En
Flandes	Bl	Az	Bl	Az
Milán	Bl	En	Bl	En
Brabante	Bl	Az	Bl	Az
Farnesio	Bl	En	Bl	En
Barcelona	Bl	Az	Bl	Az
Andalucía	Bl	En	Bl	En
Salamanca	Bl	Az	Bl	Az
Cecile-Alcantara	Bl	Enz	Bl	En
Sicilia	Bl	Az	Bl	Az
Dragoni				
Numancia	Am	Az	Az	Az
Lusitania	Am	Ng	Ng	Ng
Tarragona	Am	En	En	En
Edimburgo	Am	Ve	Ve	Ve
Frisia	Am	Gr	Gr	Gr
Batavia	Am	Gr	Gr	Gr
Caller	Am	Ve	Ve	Ve

Legenda: Az = Bleu En = Rosso Am = Giallo Bl = Bianco GR = Grigio Ng = Nero Ve = Verde Insegne di grado.

Era uso antico che ufficiali e sottufficiali di diverse classi portassero bastoni particolari al fine di essere riconosciuti dai soldati. L'ordinanza per la fanteria del 30 dicembre 1706 adottò un sistema che alcuni documenti attestano essere seguito informalmente da un paio d'anni[12]:
- Colonnello: un bastone con pomo d'oro, o dorato.
- Tenente colonnello: un bastone con pomo d'argento.
- *Sargento Mayor* (Maggiore) e capitano: un bastone con pomo guarnito d'argento per la larghezza di un dito ed estremità liscia.
- Aiutante, tenente e cappellano: un bastone con pomo d'avorio.
- Furiere maggiore: un bastone con pomo di legno.
- Sottotenente (Alfiere): un bastone con pomello di legno, o una canna d'India, guanito da un anello d'argento.
- Sergente: un bastone di legno, flessibile, senza né pomo né pomello.
- Tamburo maggiore: un bastone di legno, senza né pomo né pomello.
L'ordinanza non accenna al caporale.

In campo le armi ad asta portate dai sergenti (alabarda) e dagli ufficiali (spuntone) servivano ormai soprattutto per distinguere i gradi, tanto è vero che anche gli ufficiali dei granatieri avevano lo spuntone, che sostituivano con il fucile solo per i combattimenti.

I cadetti vestivano come la truppa, ma con gli abiti miglior qualità: solo nel 1722 fu prescritto che essi dovessero portare una cordellina d'argento alla spalla destra. Nello stesso anno vengono citati anche i galloni «che sono stati posti per distinguere i carabinieri», evidente riferimento alle *sardinetas* (piccoli galloni verticali sopra i paramani), probabilmente in uso da lungo tempo e portate anche dai granatieri della fanteria e dei dragoni.

Armamento.

Dall'inizio del regno di Filippo V i fanti abbandonarono la picca, prima in Italia, poi in Fiandra e successivamente in Spagna, ed i reggimenti di fanteria cominciarono ad armarsi esclusivamente con fucili, abbandonando progressivamente le altre armi da fuoco, di modo che per l'anno 1707 quasi tutti i reggimenti erano armati con fucili, con le corrispondenti baionette.

I primi fucili utilizzati erano dotati, per il meccanismo di sparo, di chiave alla spagnola, però ben presto si iniziò ad introdurre nell'uso la chiave alla francese, dal contratto del 16 settembre 1717, per non essere sufficiente la produzione nazionale, essendo importati dalla Francia in gran quantità. Il primo fucile regolamentare fu approvato dal re l'anno 1717, di forma molto molto simile a quello del modello francese dello stesso anno, da 14 palle in libbra per palle da 16 in libbra e canna ad anima liscia, con una lunghezza totale di 5 piedi ed una lunghezza della canna di 3 piedi 8 pollici.

Secondo il regolamento del 20 aprile 1715 *sobre los sueldos, paga y ajuste de los Regimientos de Infantería, Caballería y Dragones*, i due secondi caporali di ogni compagnia di granatieri e di fucilieri dovevano essere armati di fucile a canna rigata, e benchè più efficace, ne risultava un costo doppio rispetto ad uno normale.

Completava l'armamento del soldato di fanteria una spada con impugnatura di ottone, che nell'opinione di molti di coloro che la usarono non era molto affidabile. L'equipaggiamento di ogni soldato si componeva di una patrona, un fiasco per la polvere con il suo cordone sul lato destro del corpo. Inoltre i soldati portavano un cinturone in vita che reggeva la baionetta e la spada (sciabola per i granatieri e sottufficiali) e, almeno fino all'adozione generalizzata della giberna a tracolla per tutti i reggimenti, una piccola giberna (cartuccera) alla vita, dove si portavano le munizioni. I sergenti erano armati di alabarda e gli ufficiali di spuntone. In quest'epoca si iniziò a portare una bandoliera a tracolla che reggeva sulla destra la giberna, detta *all'alemana* perchè ispirata a quella portata dalle truppe imperiali austriache e dalla maggioranza delle truppe degli stati tedeschi dell'epoca[13]. Probabilmente l'uso iniziò con il recupero degli effetti tolti ai prigionieri nemici. I granatieri portavano, oltre l'equipaggiamento del fante, una borsa granatiera, che era naturalmente di dimensioni maggiori per consentire l'alloggiamento delle granate al suo interno. Alcuni dei granatieri erano anche dotati di una piccola ascia.

---

12   José Antonio Portugués y Monente, *Colección General de las Ordenanzas Militares...*, cit., I, pp. 542-543.
13   Dopo la guerra, verso il 1725, se ne generalizzò l'uso per quasi tutta la fanteria.

La cavalleria era armata con un paio di pistole, una carabina e una spada dritta, mentre i dragoni portavano la sciabola, una sola pistola e un fucile con la baionetta. La seconda pistola fu soppressa nel 1717 ed in suo luogo si collocò un arnese da zappatore. In quanto ai fucili dei dragoni, nel periodo tra il 1718 ed il 1720 si continuò a fabbricarne in Catalogna con chiave "alla moda" o chiave da micheletto, con una canna più corta e di minor calibro da quelli in uso nella fanteria. Analogamente le pistole dei dragoni erano diverse da quelle della cavalleria.

Nel seguito forniamo qualche maggiore dettaglio sul vestiario dei reggimenti presenti in Sardegna e Sicilia (purtroppo non di tutti), ricavato dalle registrazioni delle consegne degli effetti di vestiario ai rispettivi corpi. Per qualche reggimento si è anche indicato il colore dell'abito dei tamburi, quando vi è stato un riscontro, anche se di data successiva, perchè indicativo di quale avrebbe potuto essere all'epoca di nostro interesse. Per un quadro d'insieme di tutti i Corpi partecipanti alle due spedizioni si rinvia alla Tabella 2 precedente.

Reggimenti delle Guardie di fanteria

Guardias Españolas. Soldato. Abito di panno bleu con rivolta di panno color di *media grana* (rosso vivo), veste dello stesso colore delle mostre; calzone di panno bleu; cappello con bordo d'argento falso; calze color di *media grana*, un paio di giarrettiere dello stesso genere, spalline rosse con le punte bianche. Granatiere. Le borse dei granatieri portavano le armi del re. I berrettoni erano di panno rosso e pelle d'orso. Tamburo: Abito di panno bleu uguale a quella del soldato, gallonato con i galloni della livrea reale. Sergente: Abito di panno bleu guarnito con galloni d'argento, veste rossa guarnita con galloni d'argento, calzoni di panno bleu e cappello guarnito con gallone d'argento.

Guardias Walonas. Vestiario in tutto uguale a quello delle guarde spagnole. Coccarde nere.

Fanteria spagnola.

Castilla. Abito, veste e calzone bianco; fodera dell'abito e rivolte delle maniche rosse, incluse quelle dei sergenti, tamburi e tamburo maggiore; calze rosse.[14]

Lombardia. Abito, veste e calzone bianco; fodera dell'abito e rivolte delle maniche rosse, incluse quelle dei sergenti; calze rosse.

Saboya. Abito e calzoni grigio ferro; veste bleu; fodera dell'abito e rivolte delle maniche bleu; calze bleu.[15]

Bajeles / Córdoba (1718). Abito, veste e calzoni di panno bianco; fodera dell'abito e rivolte delle maniche bleu; calze bleu; bottoni di stagno.

Guadalajara. Abito, veste e calzoni bianco, fodera dell'abito i rivolte delle maniche rosse, calze rosse.[16][17]

Burgos. Abito, veste e calzoni di panno bianco; fodera dell'abito e rivolte delle maniche rosso; calze rosse.

Murcia. Abito bleu, veste rosso e calzoni bleu, fodera dell'abito bianco, rivolte delle maniche rosso, calze rosso. Nel real ordine del 2 settembre 1717 l'uniforme era uguale a quella dell'artiglieria, però il colore della fodera degli abiti si cambió in bianco per real ordine del 17 novembre seguente. In seguito il reggimento adottò l'uniforme bianca del resto della fanteria spagnola, con mostre bleu.

Valladolid. Abito, veste e calzoni bianco, fodera dell'abito e rivolte delle maniche rosso, calze rosse.[18]

Cantabria. Abito, veste e calzone bianco, fodera dell'abito e rivolte delle maniche bleu, calze bleu.

---

14   18/01/1718 Vestuario para el regimiento de infantería de Castilla. Paño 22eno blanco para 1031 casacas, chupas y pares de calzones. Paño encarnado para vueltas de las casacas. Jerguilla encarnada para las casacas, inclusas las de los sargentos, tambores y tambor mayor. AGS. Tribunal Mayor de Cuentas. Leg. 1905.

15   27/05/1718 1301 vestidos para los dos batallones del regimiento de infantería de Saboya. Paño de mezcla 22eno para las 1301 casacas y pares de calzones, las casacas con vueltas de paño 22eno azul, con forros de jerguilla azul. Paño azul 20eno para las 1301 chupas. AGS. Tribunal Mayor de Cuentas. Leg. 1905.

16   22/03/1718 1031 vestidos para los dos batallones del regimiento de infantería de Guadalaxara. Paño blanco 22eno para las casacas con vueltas de paño 22eno encarnado con forros de jerguilla encarnada. Paño blanco 20eno para chupas y pares de calzones. AGS. Tribunal Mayor de Cuentas. Leg. 1905.

17   1732 1er Batn del Guadalaxara: Cuerpo de Tambores. Tienen sus libreas encarnadas con bueltas blancas. A.G.S. Guerra Moderna Leg. 402 Suppl.

18   12/04/1718 651 vestidos para el regimiento de infantería de Valladolid paño blanco 22eno para las casacas con vueltas de paño 22eno encarnado con forros de jerguilla encarnada. Paño blanco 20eno para chupas y pares de calzones. AGS. Tribunal Mayor de Cuentas. Leg. 1905.

Asturias. Abito, veste e calzone bianco; fodera dell'abito e rivolte delle maniche giallo; calze gialle.[19] [20]

Osuna / Madrid (1718). Abito, veste e calzone bianco; fodera dell'abito bianco; rivolte delle maniche rosso, calze rosse.

Navarra. Abito, veste e calzoni bianco; fodera dell'abito e rivolte delle maniche rosso; calze rosse. Tamburi: abito di panno rosso, con rivolte di panno bianco; vesti di panno bianco.[21]

Aragón. Abito, veste e calzoni bianco; fodera dell'abito bianco; rivolte delle maniche rosso; calze rosse. Tamburi: uguali a quelli dei soldati guarniti di galloni di seta e filo.[22]

Artillería. Abito e calzoni bleu; veste rosso; fodera dell'abito e rivolte delle maniche rosso; calze rosse. Bottoni di metallo giallo. Tamburi: come i soldati, abiti guarniti di galloni di seta e filo.[23]

Fanteria Irlandese.

Wachop / Irlanda (1718). Abito e calzoni rosso; veste bleu, fodera dell'abito e rivolte delle maniche bleu, calze bleu.

Castelar / Hibernia (1718). Abito e calzoni rosso; veste verde; fodera dell'abito e rivolte delle maniche verde; calze verdi.[24] [25]

Macauliffe / Ultonia (1718). Abito e calzoni rosso; veste bleu; fodera dell'abito e rivolte delle maniche ble ,calze bleu.[26] [27]

---

19   28/03/1718 1301 vestidos para el regimiento de infantería de Asturias. Paño blanco 22^{eno} para las 1301 casacas y otras tantas chupas y calzones. Las casacas con vueltas de paño 22^{eno} amarillo con forros de jerguilla amarilla. AGS. Tribunal Mayor de Cuentas. Leg. 1905.

20   1731 Tambores con libreas de paño amarillo y divisa blanca. Vestuario blanco con divisa amarilla. A.G.S. Guerra Moderna Leg. 402 Suppl.

21   08/03/1718 Se entrega en Zaragoza para el regimiento de infantería de Navarra. Paño 22^{eno} blanco y jerguilla encarnada para 1274 casacas de soldados. Paño 22^{eno} encarnado para las vueltas de las casacas de los soldados y para las 27 casacas de tambores. Paño 22^{eno} y 20^{eno} blanco para 1301 chupas y pares de calzones y vueltas de 27 casacas de tambores. El 18/02/1718 se comunicó que la divisa y paño para las libreas fuese rojo. AGS. Tribunal Mayor de Cuentas. Leg. 1905.

22   11/01/1718 651 vestidos de infantería para el regimiento de Aragón. Casaca, chupa e calzón de paño blanco de 7 cuartas, las casacas de 22^{eno} con sus botones de estaño, las vueltas de 22^{eno} encarnado y forros de jerguilla blanca inclusas 14 guarnecidas de franja de seda e hilo para tambores. Chupas y calzones de paño 20^{eno} y botones de estaño en las chupas aforado uno y otro y los bolsillos en las chupas de lienzo zerrón y faltriqueras de valdes en los calzones de vara y sexma y vara y ochava por mitad en lo largo de las chupas y tres cuartas y tres dedos y tres cuartas y dos dedos en el de los calzones por mitad. 1302 camisas de lienzo, corbatas de bocadillo. 651 pares de medias de estambre encarnado de tres hilos y 651 pares de zapatos de baqueta. 651 sombreros con sus bordes y trencillas de hilo. 611 bolsas de cartuchos, 611 correas de frasco y otras tantas de fusil. 47 bolsas de granaderos y 13 cajas de guerra. AGS. Tribunal Mayor de Cuentas. Leg. 1905.

23   03/11/1717 521 vestidos al regimiento de Artillería, del Coronel Marcos de Araciel, compuesto de dos batallones, el 1º con 960 hombres y el 2º con 850, inclusos en estos numeros sargentos y tambores. Se les entregaron 1810 casacas de paño azul con forro de jerguilla encarnada, las vueltas de las mangas de paño encarnado y botones de metal. 1713 para soldados, 66 para sargentos y 31 para tambores guarnecidas de franjas; 1810 chupas de paño encarnado con botones de metal; 1810 pares de calzones de paño azul; 3620 camisas y 3620 corbatas; 1810 pares de medias encarnadas, 1810 pares de zapatos, 1810 sombreros con el borde de galón dorado y 1810 cinturones; 1710 bolsas de cartuchos y 1710 frascos, 1710 correas para frascos y otras tantas para los fusiles y 31 cajas de guerra con sus baquetas. AGS. Tribunal Mayor de Cuentas. Leg. 1905.

08/04/1718 Orden de SM para que las compañias sencillas de artilleros, bombistas y minadores del segundo batallón del regimiento de Artillería se aumenten en 10 hombres cada una sobre los 50 que tenían y que consistiendo el todo de este augmento en 150 hombres entregase el asentista a este 2º batallón para el aumento de los 150 artilleros 150 cartucheras, 300 camisas de lienzo creciente, 300 corbatas de bocadillo, 150 pares de zapatos de baqueta, 150 correas de fusil y 150 cinturones de ante lo cual se entregó el 3 de mayo de 1718 además del paño azul 22^{eno} para las 150 casacas con vueltas de paño 22^{eno} encarnado con forros de jerguilla encarnada. Paño encarnado 20^{eno} para las 150 chupas y azul para los 150 pares de calzones. AGS. Tribunal Mayor de Cuentas. Leg. 1905

24   18/01/1718 Vestuario para el regimiento de Castelar. 651 casacas y 651 pares de calzones de paño encarnado 22^{eno}. Paño verde 22^{eno} para 651 chupas y otros tantos pares de vueltas en las mangas de las casacas. Jerguilla verde para forro de las casacas. AGS. Tribunal Mayor de Cuentas. Leg. 1905.

25   1732 Tambores con libreas rojas con bueltas verdes. AGS. Guerra Moderna Leg. 402 Suppl.

26   30/01/1718 Vestuario para el regimiento de Macaulif. 651 casacas y 651 pares de calzones de paño encarnado 22^{eno}. Paño azul 22^{eno} para 651 chupas y otros tantos pares de vueltas en las mangas de las casacas. Jerguilla azul para forro de las casacas. AGS. Tribunal Mayor de Cuentas. Leg. 1905.

Gennaio 1718 Regto de infanteria de Macaulif paño encarnado y paño azul, guerguilla azul y encarnada (para tambores) para 651 vestidos (da cui si deduce tamburi con vestiario a colori invertiti) Direccion General Tesoro Inv. 7 Leg. 1 - 12

27   1732 Tambores con libreas de paño azul con buelta amarilla. A.G.S. Guerra Moderna Leg. 402 Suppl.

Fanteria Italiana.

Nápoles. Abito, veste e calzoni bianco; fodera dell'abito e rivolte delle maniche rosse; calze rosse.[28]

Milán. Abito, veste e calzoni bianco; fodera dell'abito e rivolte delle maniche bleu; calze bleu.[29] [30]

Basilicata. Abito, veste e calzoni bianco; fodera dell'abito e rivolte delle maniche bleu; calze bleu.

Cerdeña (1717). Abito, veste e calzoni di panno bianco; fodera dell'abito e rivolte delle maniche bleu; calze bleu; bottoni di stagno.[31][32]

Fanteria Vallona.

Hainaut / Hainaut (1718). Abito, veste e calzoni bianco, fodera dell'abito e rivolte delle maniche bleu, calze bleu.

Bruselas (1711) / Borgoña (1718). Abito, veste e calzoni bianco, fodera dell'abito e rivolte delle maniche bleu, calze bleu.[33]

Charleroy (1711) / Utrech (1718). Abito, veste e calzoni bianco, fodera dell'abito e rivolte delle maniche bleu, calze bleu.[34]

Cavalleria.

Rosellón Viejo / Borbón (1718). Abito e calzoni bianco; veste rosso; fodera dell'abito e rivolte delle maniche rosso. Al rientro in Spagna mutò abito e calzoni in bleu.

Atry / Farnesio (1718). Abito, veste e calzoni bianco, fodera dell'abito e rivolte delle maniche rosso. Trombe e timballiere: uguali ai soldati. Al rientro in Spagna mutò abito e calzoni in bleu.

Milán. Abito e calzoni bianco, veste rosso, fodera dell'abito e rivolte delle maniche rosso.

Dupuy / Barcelona (1718). Abito e calzoni bianco; veste bleu; fodera dell'abito e rivolte delle maniche bleu.

Brabante. Abito e calzoni bianco; veste bleu; fodera dell'abito e rivolte delle maniche bleu.

Flandes. Abito e calzone bianco; veste bleu; fodera dell'abito e rivolte delle maniche bleu.

Armendáriz / Andalucía (1718). Abito e calzoni bianco; veste rosso; fodera dell'abito e rivolte delle maniche rosso.

Uribe / Salamanca (1718). Abito e calzoni bianco; veste bleu; fodera dell'abito e rivolte delle maniche bleu.[35]

Cecile / Alcántara. (1718). Abito e calzoni bianco; veste bleu; fodera dell'abito e rivolte delle maniche bleu.[33]

Sicilia (1718). Abito e calzoni bianco; veste bleu; fodera dell'abito e rivolte delle maniche bleu.

---

28   06/02/1718 *Vestuario para los 130 hombres de aumento del regimiento de Nápoles. 130 casacas de paño blanco 22eno. Paño encarnado 22eno para 130 pares de vueltas de las mangas de las casacas. Paño blanco 20eno para 130 chupas y 130 pares de calzones. Jerguilla encarnada para forro de las casacas. AGS. Tribunal Mayor de Cuentas. Leg. 1905.*

29   06/02/1718 *Vestuario para el regimiento de Milán. 651 casacas de paño blanco 22eno. Paño azul 22eno para 651 pares de vueltas de las mangas de las casacas. Paño blanco 20eno para 651 chupas y 651 pares de calzones. Jerguilla azul para forro de las casacas. AGS. Tribunal Mayor de Cuentas. Leg. 1905.*

30   1731 1º Batn Tambores con libreas segun la divisa guarnecidas de galon de seda blanco y azul. A.G.S. Guerra Moderna Leg. 402 Suppl.

31   25/02/1718 *Habiendo resuelto S.M. que se formase en Cerdeña un regimiento de un batallón, con el nombre de regimiento de Cerdeña (Zerdeña) se sirvió mandar al asentista que aprontase tambien el vestuario que le correspondìa como completo y lo remitiese a Barcelona en la inteligencia de que estos vestuarios para los regimientos de Henau, Basilicata y Zerdeña debian ser de los mismos menajes que los primeros batallones de los otros cuerpos con divisa y forro azul y que las medias que por la brevedad no se pudiesen teñir se enviasen en blanco. AGS. Tribunal Mayor de Cuentas. Leg. 1905.*

32   Mayo 1719 Zerdeña: *Vestuario blanco divisa azul; franjas de lana a los soldados y galon de plata a los Sargentos; tambores tienen todos sus libreas. AGS. Guerra Moderna Leg. 3813 (Riviste d'Ispezione Fanteria)*

33   08/02/1718 *Vestuario para el regimiento de Bruselas. 651 casacas de paño blanco 22eno. Paño azul 22eno para 651 pares de vueltas de las mangas de las casacas. Paño blanco 20eno para 651 chupas y 651 pares de calzones. Jerguilla azul para forro de las casacas. AGS. Tribunal Mayor de Cuentas. Leg. 1905.*

34   09/02/1718 *Vestuario para el aumento de 130 hombres del regimiento de Charleroy. 130 casacas de paño blanco 22eno. Paño azul 22eno para 130 pares de vueltas de las mangas de las casacas. Paño blanco 20eno para 130 chupas y 130 pares de calzones. Jerguilla azul para forro de las casacas. AGS. Tribunal Mayor de Cuentas. Leg. 1905.*

35   18/05/1723 *Relación de los géneros usados y apolillados que existen hoy en el almacén de Zaragoza, pertenecientes al regimiento de caballería de Sicilia cuando se reformó y de los que entregó en el almacén el regimiento de Salamanca. El regimiento de Salamanca vestía casaca blanca, forro y divisa azul, chupa azul y calzón blanco. El regimiento de caballería de Sicile vestía casaca blanca con divisa azul, chupa azul y calzón blanco. 64 casacas de paño blanco con divisa azul, 55 chupas azules, 4 calzones blancos. AGS Guerra Moderna Leg. 5353*

Tav. 10 Fucilieri e ufficiale del reggimento di fanteria *Milán*.

Dragoni.

Boselli / Batavia (1718). Abito giallo; veste e calzoni grigio ferro; fodera dell'abito e rivolte delle maniche grigio ferro; calze grigio ferro. Cappe di panno giallo, con collo di panno grigio ferro e rivolta in saglia grigio ferro; gualdrappe e coprifonde di panno grigio ferro.

Bandoma / Chateaufort / Frisia (1718). Abito giallo; veste e calzoni grigio ferro; fodera dell'abito e rivolte delle maniche grigio ferro; calze grigio ferro. Cappe di panno giallo, con collo di panno grigio ferro e rivolta in saglia grigio ferro; gualdrappe e coprifonde di panno grigio ferro.[36]

Grimau / Tarragona (1718). Abito giallo; veste e calzoni rosso; fodera dell'abito e rivolte delle maniche rosso; calze rosso. Cappe di panno giallo, con collo di panno rosso e rivolta in saglia rossa; gualdrappe e coprifonde di panno bleu. Tamburi. Abito di panno rosso con rivolte di panno giallo; vesti e calzoni come i soldati.[37]

Mahoni / Edimburgo (1718). Abito giallo; veste e calzoni verde; fodera dell'abito e rivolte delle maniche verde; calze verde. Cappe di panno giallo, con collo di panno verde e rivolta in saglia gialla; gualdrappe e coprifonde di panno verde.[38]

Osuna / Numancia (1718). Abito giallo; veste e calzoni bleu; fodera dell'abito e rivolte delle maniche bleu; calze bleu. Cappe di panno giallo, con collo di panno bleu e rivolta in saglia bleu; gualdrappe e coprifonde di panno rosso.

Pezuela / Lusitania (1718). Abito, veste e calzoni giallo; fodera dell'abito e rivolte delle maniche nero. Cappe di panno giallo, con collo di panno nero e rivolta in saglia gialla; gualdrappe e coprifonde di panno giallo. Circa la livrea dei tamburi e musici, una rivista d'ispezione passata al reggimento nel 1735 riporta alcune informazioni che molto probabile siano valide anche per il periodo del 1718-1720: "... *Las libreas delos Tambores y Obues de color roxo y buelta anteada, y tienen para adornar las delos primeros pasamanos de seda en los ojales de las Casacas y las delos segundos un galon de plata al canto, y delo mismo es la dragona. Todos los sombreros tienen galon de plata distinguendo a los Cavos y Granaderos con un rivete de galon de plata en las mangas.*"[39]

Caller (1717). Abito giallo; veste e calzoni verde; fodera dell'abito e rivolte delle maniche verde; calze verde. Mantelli di panno giallo, con collo di panno verde e rivolta in saglia gialla; gualdrappe e coprifonde di panno verde (v. Appendice IV).

Generali e ingegneri militari

Insegna tradizionale dei generali (ma non dei brigadieri che non erano considerati generali) era il bastone di comando (*bengala*), divenuto poi prerogativa dei marescialli. Per il resto non erano loro prescritte uniformi, ma se appartenevano a qualche reggimento (come di solito i brigadieri) vestivano come gli ufficiali di questo; gli altri erano soliti portare, almeno in campo, abiti rossi per facilitare un pronto riconoscimento sia da parte delle proprie truppe, sia dal nemico, nel caso fossero fatti prigionieri. In battaglia ci si aspettava che i generali dessero mostra di valore personale combattendo in prima linea, per cui era anche normale che essi indossassero un pettorale di corazza. Molti ritratti di generali del tempo li mostrano con la corazza completa, per una convenzione pittorica volta a evidenziare il carattere marziale del personaggio raffigurato: in realtà essi non la portavano mai. I loro abiti erano riccamente gallonati, mentre il "piumaggio" al cappello era allora usato anche dagli ufficiali superiori.

Neanche per gli ingegneri militari erano stabilite uniformi e certe caratteristiche divenute poi tradizionali

---

36   25/12/1717: *paño 22^{eno} amarillo y gridefer y jerguilla gridefer para el completo de 589 vestidos compuestos de casaca, chupa e calzón, 300 capas y otras tantas mantillas y tapafundas para el regimiento de dragones de Chatefort.* AGS. Tribunal Mayor de Cuentas. Leg. 1905.

37   02/05/1718 *Regimiento de dragones de Grimau, al presente Tarragona.: paño amarillo 22^{eno} para las 289 casacas de los tres escuadrones del pie antiguo, 276 de soldados y 13 pares de vueltas de mangas de las de los tambores, y paño 22^{eno} encarnado para las 13 casacas de tambores y las vueltas de las casacas de los soldados con forros de jerguilla encarnada las 289 casacas. Paño encarnado 22^{eno} para chupas y pares de calzones.* AGS. Tribunal Mayor de Cuentas. Leg. 1905.

38   15/02/1718 *paño 22^{eno} amarillo y verde y jerguilla amarilla para el completo de 589 vestidos, 300 capas, mantillas y tapafundas para el regimiento de dragones de Mahoni, al presente Edimbourg.* A.G.S. Tribunal Mayor de Cuentas. Leg. 1905.

39   AGS. Guerra Moderna Leg. 3823 (Riviste d'Ispezione Dragoni)

Tav. 11 Reggimenti di fanteria spagnola e vallona (*Cantabria, Córdoba, Asturias, Burgos, Madrid, Haynaut*).

del corpo, quali l'uso esclusivo di bottoni e decorazioni d'argento, furono introdotte in un periodo successivo. Non esistevano insegne particolari per distinguere le diverse categorie. Essendo però gli ingegneri militari muniti di un grado nell'esercito essi vestivano come gli ufficiali del corpo cui erano (nominalmente) aggregati e ne portavano le insegne (come il bastone).

Le nuove bandiere.

Nell'ordinanza del 28 febbraio 1707 sui nomi fissi dei reggimenti di fanteria si regolava per la prima volta da parte del re la forma e il disegno delle bandiere dei suoi eserciti. L'ordinanza del 18 maggio 1716 prescrisse poi che le aste delle bandiere fossero decorate di cravatte bianche e rosse[40].

Per ordine del 26 dicembre 1717, trasmesso a tutti i colonnelli dei reggimenti di fanteria dal marchese di Lede, in qualità di Ispettore generale della fanteria, le bandiere furono sensibilmente modificate: le colonnelle dovevano essere a fondo bianco con le armi reali e le altre bianche con la croce rossa di Borgogna, permettendo ai colonnelli di porre all'estremità dei quattro angoli della croce di Borgogna le armi del regno o della provincia di cui il reggimento portava il nome il reggimento, o altro emblema particolare che esso poteva usare[41]. La colonnella non poteva recare alcun tipo di scudo oltre a quello delle armi reali, circondato dai collari del Toson d'oro e dello Spirito Santo, un ordine francese usato con riferimento alle pretese di Filippo V alla successione al trono di Francia, cui poi fu obbligato a rinunciare. È probabile che sul campo della bandiera di battaglione (*sencilla*) comparisse poi, a lettere dorate, il nome del reggimento, come appare documentato per un certo numero di bandiere confezionate nel 1712 per i reggimenti che rientravano in Spagna dalla Fiandra e fu in uso nei decenni seguenti alla campagna di Sicilia.

Facevano eccezione a questa regola le colonnelle dei reggimenti delle Guardie spagnole e vallone, che avevano il fondo rispettivamente rosso-cremisi e bleu) e quelle del reggimento reale dell'artiglieria, che aveva il fondo bleu. I reggimenti svizzeri ebbero poi bandiere con campi ripartiti nelle tradizionali fiamme a più colori.

La cavalleria portava stendardi quadrati di colore generalmente rosso per quelli d'ordinanza e bianco per quello della colonnella, riccamente ricamati "a rilievo" in argento ed oro; i dragoni avevano cornette a coda di rondine, simili nel resto agli stendardi di cavalleria. In realtà fino agli anni 1750 nei corpi montati vi furono numerose eccezioni alla regola, in quanto alcuni reggimenti conservarono per lungo tempo gli stendardi e le cornette della prima formazione o ad essa ispirati, con colori e, per quelli ordinari di squadrone, insegne non conformi alle ordinanze, come risulta da numerose riviste d'ispezione passate ai reggimenti negli anni 1730-1740 e da alcune rappresentazioni grafiche.

Nelle illustrazioni abbiamo tentato di riprodurre alcune di queste insegne, basandoci su un manoscritto della Biblioteca di Catalogna e sulle rappresentazioni dell'esercito spagnolo verso la fine degli anni 1740 conservate negli U.S.A. presso la *Brown Military Collection* della *Brown University* di Providence (Rhode Island), nell'assunzione che essi non dovessero essere variati molto rispetto a quelli in uso nel periodo precedente, almeno nei colori e nelle *divisas*.

Le Guardie del corpo avevano stendardi simili a quelli delle Guardie del corpo francesi il cui fondo (rosso, giallo e verde) denotava la nazionalità (rosso per la compagnia spagnola, giallo per quella fiamminga e verde per quella italiana); il colore dello stendardo era ripetuto nella bandoliera, riccamente guarnita di gallone d'argento, che le guardie portavano a tracolla.

---

40   José Antonio Portugués y Monente, *Colección General de las Ordenanzas Militares…*, cit., II, p. 148.
41   *Señor mio. Haviendo. Su Maxestad (que Dios Guarde) ressolto que todas las Vanderas de la Infanteria sean iguales, manda que las Vanderas Coronelas. sean blancas con el Escudo de sus Rs. Armas, y las demás blancas con la Cruz de Borgoña, permitiendo que en la extremidad de las quatro esquinas se pueda poner las Armas de los Reynos ó Provincias de donde tengan el nombre, y otra divisa particular que haian tenido, ó ussado, exceptuando la Vandera Coronela En la qual no debe haver sino las Reales Armas. Lo participo à Vos Que se sirba dar la orden para que desde luego el Sarxento maior mande hacer las Vanderas, como lo mda. Sus Maxestad avissándome del ymporte de su coste para que se dé la orden comvte. Para que se satisfagan de la Massa. Juntamte. se les prebino acudiessen à S.E. en lo que seles ofreciesse tocante á sus Reximientos:* AGS, Guerra Moderna, legajo 5466.

Sicilia

Basilicata

Mesina

Nápoles

Cerdeña

Liguria

Tav. 12 Reggimenti di fanteria italiani (*Sicilia, Basilicata, Mesina, Napoles, Cerdeña, Liguria*).

APPENDICE I[42]
UFFICIALI GENERALI CHE SERVIRONO NELLE SPEDIZIONI DI SARDEGNA E SICILIA

Sono indicati i generali che ebbero sempre il comando di un reparto non inferiore alla brigata, escludendo quanti esercitavano un comando di piazza o prestavano servizio nei due reggimenti delle guardie come ufficiali superiori o comandanti di compagnia; sono pure esclusi i tenenti colonnelli in possesso della qualifica di brigadiere.

SPEDIZIONE DI SARDEGNA

Tenenti Generali
Jean-François-Nicolas de Bette e Croy-Zollre, marchese di Lede[43].

Nacque nel 1667 a Lede, una cittadina della Fiandra orientale presso Aalst/Alost, e morì a Madrid l'11 febbraio 1725. Il marchese di Lede entrò nell'esercito spagnolo di Fiandra molto giovane ed arrivò rapidamente al grado di generale, e ispettore generale della fanteria. Cominciò a servire nel 1689 nelle Fiandre come capitano di cavalleria, essendo presente alle battaglie di Steinkerque (3 agosto 1692) e Landen o Neerwinden (29 luglio 1693). Per patente del 19 settembre 1694 fu nominato maestro di campo di un *tercio* di fanteria vallona con il quale passò nel 1695 di rinforzo all'esercito di Catalogna, trovandosi con esso nel 1697 alla difesa di Barcellona, assediata dai Francesi. Terminata la guerra tornò in Fiandra. Per titolo del 5 maggio 1699 fu promosso sergente generale di battaglia. Servì nella campagna del 1702 agli ordini del marchese di Bedmar come maresciallo di campo. L'anno seguente, andò di nuovo in Spagna. Il 26 dicembre 1703 fu nominato primo tenente della compagnia fiamminga delle guardie del corpo con il grado di tenente generale e il 30 gennaio 1704 fu nominato comandante della compagnia dei *Grandes Mosqueteros Flamencos*. Servì nella campagna del 1704 contro il Portogallo, ove diresse l'assedio e la presa di Marban. Tornò in Fiandra poco dopo, rinunciando all'impiego nelle guardie per ragioni di salute. Fu nominato tenente generale effettivo per titolo firmato nel Buen Retiro il 9 maggio 1705. Di nuovo in Spagna nel 1711, fece la campagna del 1712 in Estremadura. Nel 1713 fu nominato governatore di Tarragona dopo il recupero della città e per titolo del 18 maggio 1715 passò ad esserlo della piazza di Barcellona. Servì nel 1715 nell'impresa per la riconquista di Maiorca, divenendo comandante generale e governatore della piazza di Palma e presidente della relativa Udienza. Per real decreto del 31 gennaio 1717 fu nominato comandante generale del regno di Aragona, impiego che non arrivò a svolgere per essere passato a al comando dell'esercito che marciò alla riconquista della Sardegna e, poi, della Sicilia. Dopo l'occupazione della Sardegna, nel 1717 ne fu nominato viceré. Per titolo del 13 dicembre 1717 fu nominato direttore generale della fanteria spagnola e straniera, per altro del 20 maggio 1718 fu promosso capitano generale dei Reali Eserciti e divenne poi ispettore generale di tutta la fanteria. Esercitò l'incarico di viceré e capitano generale della Sicilia fino a che si evacuò l'isola. Riportò dei successi nelle battaglie di Milazzo (1718) e di Francavilla (1719). Rientrato in Spagna, nel novembre 1720 guidò la spedizione in soccorso di Ceuta, assediata ancora una volta dai marocchini, venendo ferito leggermente nello scontro del 17 novembre. Per titolo del 6 ottobre 1724 fu nominato presidente del consiglio supremo di guerra. Morì nel 1725 a Madrid a 57 anni in conseguenza di una violenta colica. Fu Grande di Spagna di 1ª classe. Cavaliere del Toson d'Oro, dell'ordine di Santiago e, commendatore di Biedma (sul territorio di Villarubia de Santiago).

Joseph de Armendáriz y Perurena, marchese di Castelfuerte.
Nato a Ribaforada (Navarra) nel 1670. Servì in Fiandra e in seguito nelle truppe imperiali fino al 1689 quando ritornò nei Paesi Bassi spagnoli, dove levò una compagnia di *cavalli corazze*. Combattè nella battaglia di Landen nel 1693, dove ricevette un colpo di moschetto al petto. Il 3 gennaio 1695 fu nominato maestro di campo di un *tercio* di dragoni di nuova leva in Catalogna. S'imbarcó con questo in Barcellona per Napoli il 5 novembre

42   A cura di José Luis de Mirecki Quintero.

43   Diversi autori lo chiamano «marchese di Leyde» confondendo Lede con la città olandese di Leiden (Leida) che allora si scriveva «Leyden».

Valdimazzara

Valdinoto

Valdemone

Messina

Augusta

Palermo

Tav. 13 Reggimenti di fanteria levati in Sicilia (con gli stemmi riconducibili alla denominazione)

1701. Il 17 novembre 1704 fu promosso brigadiere e lo stesso giorno maresciallo di campo, con ordine di passare a servire in Spagna. Dopo essere stato impiegato nell'assedio di Gibilterra, il 5 maggio 1705 fu nominato *Sergente Maggiore* delle guardie del corpo. Fece la campagna di 1705 in Estremadura e quella del 1706 in Castiglia agli ordini del duca di Berwick. Nel dicembre 1706 si distinse alla conquista per sorpresa della piazza di Alcántara. Per titolo del 28 febbraio 1707 fu promosso tenente generale, servendo quella campagna di nuovo in Estremadura agli ordini del marchese di Bay, trovandosi all'assedio di Ciudad-Rodrigo. Le tre campagne seguenti rimase nello stesso esercito e nell'ottobre 1708 prese Barbacena. Nel 1710 partecipó alla spedizione di soccorso per la Sardegna. Partecipó alla battaglia di Saragozza (20 agosto 1710), comandando l'ala sinistra spagnola e nella battaglia di Villaviciosa (10 dicembre 1710), catturó l'artiglieria alleata, risultando gravemente ferito nell'azione. Per i suoi meriti il 30 giugno 1711 ebbe il titolo di marchese di Castelfuerte. Fece le ultime campagne della guerra in Aragona e Catalogna, dove ricevette l'ispezione della cavalleria e dei dragoni che servivano nel Principato. Il 21 febbraio 1715 fu nominato governatore di Tarragona. Participó come comandante in seconda alla spedizione di Sardegna dell'anno 1717. La sua stretta aderenza al regolamento lo portò quasi alla morte per essersi rifiutato di esser rilevato dalla trincea durante l'assedio di Cagliari se non da un maresciallo di campo, di modo che rimase al fronte dell'assedio durante tutta la sua durata, ammalandosi gravemente. Restò in Sardegna come governatore generale. Per patente del 22 ottobre 1717 fu nominato tenente colonnello del reggimento delle guardie spagnole. Prese parte alla spedizione di Sicilia ed ebbe il comando del primo corpo che andò all'assedio di Milazzo il 5 ottobre 1718. Nel 1719 nella battaglia di Francavilla comandó la posizione della montagna dei Capuccini, custodita dal suo reggimento nella quale si comportó valorosamente. Per titolo del 30 dicembre 1721 fu nominato governatore e capitano generale di Guipúzcoa e per altro del 21 settembre 1723 fu nominato viceré del Perù, dove rimase dal 1724 al 1736. Fu promosso capitano generale dei Reali Eserciti per titolo del 9 luglio 1728. Al suo rientro in Spagna Filippo V lo insignì del Toson d'Oro. Morì di malattia a Madrid nel marzo 1740. Fu cavaliere di Santiago, commendatore di Montizón e Chiclana.

Marescialli di campo.

Joseph Carrillo de Albornoz y Montiel, conte (poi duca) di Montemar.

[1671-26 giugno 1747]. Grande di Spagna (20 maggio 1735). Cavaliere di Santiago, commendatore di Moratalla (1715). Cavaliere del Toson d'oro (1732) e di San Gennaro. Cominciò a servire a dodici anni come capitano di cavalleria e si distinse alla difesa di Barcellona nel 1697; tenente colonnello del reggimento di cavalleria di *Rosellón nuevo* ed esente della seconda compagnia spagnola delle guardie del corpo con grado di colonnello di cavalleria. Per patente del 21 agosto 1706 successe a Luis Galindo come colonnello di un reggimento di cavalleria nell'esercito di Andalusia. Si distinse nella battaglia di Almansa e quindi nella riconquista e pacificazione del Regno di Valencia agli ordini, prima del duca di Berwick e, poi, del cavaliere de Asfeld. Fu promosso brigadiere di cavalleria per titolo del 5 settembre 1707 e per patente del 9 gennaio 1708 ebbe il comando del reggimento di cavalleria *real de Asturias*. Combattè nella battaglia di Saragozza (20 agosto 1710) e poi in quella di Villaviciosa (10 dicembre 1710). Fu promosso maresciallo di campo con anzianità al 1° ottobre 1710. Nell'ottobre 1713 assediò la città e castello di Cardona, facendo prigioniera la guarnigione. Nel 1715 fu nominato governatore di Saragozza e poco dopo di Barcellona. S'imbarcò al comando dei quattro battaglioni delle *guardie vallone* il 29 e 30 luglio 1717 per la spedizione di Sardegna. Comandò il distaccamento che assediò Alghero nell'ottobre 1717. Il 20 giugno 1718 fu promosso tenente generale ricevendone la comunicazione a Palermo il 5 luglio. Nel luglio 1718 fu nominato governatore di Palermo e comandante del campo volante che doveva bloccare Trapani, conservare il possesso di Palermo e prendere il castello di Termini. Dopo la battaglia di Milazzo si unì all'esercito principale con le truppe del suo distaccamento agli inizi di novembre. Ebbe il comando dei granatieri dell'esercito riuniti per coprire la ritirata da Milazzo a Francavilla. Tornò in Spagna in ottobre del 1719. Per titolo del 1° dicembre 1722 fu nominato comandante generale interino dell'esercito e principato di Catalogna e tornò a esserlo nel 1726. Prese parte all'assedio di Gibilterra del 1727. Il 4 aprile 1732 fu promosso capitano generale dei Reali Eserciti e lo stesso anno, a dicembre,[44] direttore generale della cavalleria. Nel 1732 guidò la spedizione per la riconquista di Orano. Comandò l'esercito spagnolo in Lombardia nella campagna del 1733. Nel 1734 fu nominato comandante in capo dell'esercito destinato alla conquista dei regni di Napoli e Sicilia. Comandò il blocco di Capua, obbligando gli austriaci a ritirarsi fino all'Adriatico, sconfiggendoli completamente a Bitonto (25 maggio 1734), vittoria per la quale ottenne il titolo di duca. Si imbarcò a Napoli il 23 agosto 1734 con l'esercito destinato a operare in Sicilia. Dopo aver conquistato la maggiore parte dell'isola, tornò a Napoli nel dicembre 1734, da cui mosse l'anno successivo con le truppe inviate in Lombardia in appoggio ai franco-sardi. Alla fine di giugno 1735 diresse l'assedio della Mirandola, e poi quelli di Orbetello e di Porto Ercole nei Presidi di Toscana. Al suo ritorno in Spagna ebbe l'impiego di ministro della guerra dal 1737 al 1741. Nel 1741 s'imbarcò in Barcellona alla testa dell'esercito destinato a combattere in Lombardia. Per patente del 12 ottobre 1741 sucesse al duca di Osuna come colonnello del reggimento delle *guardie spagnole*. Accusato di eccessiva prudenza, fu destituito al termine della campagna dell'anno seguente e obbligato a tornare in Spagna, proibendoglisi l'accesso a corte. Rimase confinato nella sua commenda di Moratalla e poscia a Murcia e Saragozza. Con l'avvento al trono di Fernando VI fu riabilitato e morì a Madrid di malattia, dopo 63 di servizio, essendo decano del supremo consiglio di guerra.

Antonio Pignatelli y Aymeric, marchese di San Vicente.

[1685 - 26 gennaio 1771]. I Pignatelli sono una famiglia napoletana di antichissime origini, ma la linea dei Pignatelli Aymerich era relativamente recente e discendeva da un ramo cadetto dei principi di Noia stanziatosi nel secondo Seicento in Spagna, dove Domenico fece fortuna combattendo in Catalogna e sposando una ricca ereditiera, Anna de Aymerich, marchesa di San Vicente. Suo figlio Antonio cominciò a servire come capitano della compagnia di *caballos corazas* della guardia del capitano generale di Estremadura e poi con altra di corazze spagnole del reggimento della *Reyna*. Per patente del 20 marzo 1704 fu nominato colonnello di un reggimento di cavalleria formato in Estremadura. Si trovò nella prima difesa di Badajoz. Per patente del 1° novembre 1706 fu promosso brigadiere di cavalleria, e per titolo del 15 dicembre 1709 maresciallo di campo. Per il resto della guerra rimase in Estremadura e Castiglia.

Nel 1717 partecipò alla spedizione di Sardegna, rimanendo come governatore interino di Cagliari dopo la sua conquista. Ristabilitosi il tenente generale Armendáriz titolare dell'incarico, passò a comandare le truppe che assediarono Castel Aragonese il quale si arrese senza opporre resistenza il 30 ottobre 1717. Servì nella spedizione di Sicilia del 1718. Il 20 giugno 1718 fu promosso tenente generale ricevendone la comunicazione a Palermo il 5 luglio. Nel luglio 1718 occupò Augusta abbandonata dai piemontesi. Comandó la cavalleria nella battaglia di Francavilla (20 giugno 1719). Commendatore di Hornachos (1720).

Nel 1720, dopo l'evacuazione della Sicilia abbandonò il servizio spagnolo, si trasferì a Napoli ed entrò al servizio di Carlo VI col grado di *Feldmarschalleutnant*, ricevendo il titolo di principe di Belmonte, attratto nell'orbita asburgica dalla sorella Maria Anna, coniugata con il conte d'Althann, Giovanni Venceslao, e ben introdotta nella corte cesarea. Nel 1721 Antonio sposò Anna Francesca Pinelli, figlia ed erede di Oronzo, principe di Belmonte ed il 15 novembre 1723 fu promosso *General der Cavallerie*. Nel 1734 all'avanzata dell'esercito borbonico che avrebbe sottratto il Mezzogiorno agli Asburgo, fu nominato vicario del viceré Giulio Visconti e, al richiamo a Vienna di Tiberio Carafa, fu al comando dell'esercito imperiale nel regno di Napoli. Sconfitto nel 1734 a Bitonto, si rifugiò in Austria per tornare nel 1738 nel Regno, grazie all'intercessione presso Carlo di Borbone dell'arcivescovo di Napoli, Francesco Pignatelli[45].

Philippe-Emmanuel-Antoine de Bette, cavaliere di Lede.

Cavaliere di Malta, fratello del comandante generale della spedizione. Dopo aver comandato un *tercio* di fanteria vallona nell'ultima guerra contro la Francia (1689-1697) e poi un reggimento della stessa nazione di quelli creati

---

44   **Gaceta de Madrid** núm.48, de 02/12/1732, pág. 204
45   Per le vicende successive v. ELENA PAPAGNA, *Pignatelli, Antonio* in *Dizionario Biografico degli Italiani*, Volume 83 (2015), Roma, Istituto della Enciclopedia Italiana, ediz. elettronica; scheda dedicata all'omonimo figlio, importante diplomatico, ma con ampie notizie della vita del padre.

Tav. 14 Tamburo del reggimento delle Guardie spagnole e soldato del reggimento di dragoni *Edimburgo*.

nel 1702, fu promosso brigadiere di fanteria il 25 aprile 1704 e comandó un brigata il 23 maggio 1706 nella battaglia di Ramillies. Per titolo del 5 giugno 1707 fu promosso maresciallo di campo . Passò a servire in Spagna nel 1711 e fece le campagne del 1712 e 1713 in Estremadura. Il 20 giugno 1718 fu promosso tenente generale ricevendone la comunicazione a Palermo il 5 luglio, mentre era all'assedio di Castellamare. Combattè nella battaglia di Milazzo (15 ottobre 1718) e fu ferito mentre era alla testa della brigata irlandese. Ricevette un'altra ferita nella battaglia di Francavilla (20 giugno 1719). Fu nella spedizione in soccorso di Ceuta del 1720 dove ricevette un colpo di fucile in faccia. Fu poi governatore di Tortosa e poco dopo abbracciò la vita religiosa morendo in un convento di Barcellona, 53 anni dopo essere entrato in servizio.

Enrique Grafton.

Irlandese. Per patente del 30 maggio 1705 fu nominato colonnello di un nuovo reggimento di dragoni irlandesi che si creò a Madrid portandone il nome. Per il valore dimostrato nelle difese di Borja e Daroca fu promosso brigadiere di cavalleria per patente del 23 novembre 1706. Prese parte col suo reggimento il 16 dicembre 1706 allo scontro di Calamocha. Per titolo del 18 dicembre 1709 fu promosso maresciallo di campo, impiego che esercitò fino alla conquista di Barcellona (1714). Participó alla spedizione di Sardegna del 1717 come *maggiore generale* (capo di stato maggiore) della fanteria. Ai primi del 1719 si imbarcò per la spedizione di Irlanda che non ebbe luogo per il maltempo che disperse la flotta. Per titolo del 5 giugno 1719 fu promosso tenente generale.

Brigadieri.

Jaime Miguel de Guzmán-Dávalos y Spínola, conte di Pezuela de las Torres (poi marchese de La Mina)

[Siviglia 1690 – Barcellona 25 gennaio 1767]. Insigne militare, diplomatico e scrittore conosciuto come marchese de La Mina, titolo che ebbe nel 1720 quando successe al padre: fino allora era detto «conte di Pezuela», titolo ereditato dalla madre, ultima discendente del ramo degli Spinola genovesi che lo avevano ottenuto nel 1642 (ancor oggi lo stemma del comune vicino a Madrid è quello degli Spinola).
Cavaliere del Toson d'Oro, dello Spirito Santo, San Gennaro e Calatrava. commendatore di Silla e Benasal (Ordine di Montesa). Nel 1706 fu nominato capitano di una compagnia del reggimento di cavalleria di *Órdenes Nuevo*, con la quale passò poi al reggimento di *Pozoblanco*. Combattè nella battaglia di Almansa e nell'assedio di Tortosa. Per titolo de 21 dicembre 1709 fu nominato colonnello di un reggimento di dragoni (il futuro *Lusitania*) che costituì *ex novo* e che dal suo nome si chiamó *Pezuela*, anche se noto come *de la Muerte* per il colore della sua uniforme[46]. Fu presente all'assedio di Campo Mayor (Portogallo). Participó alla spedizione di Sardegna del 1717 e alla guerra di Sicilia dal 1718, dove prese parte all'assedio e combattimento di Milazzo e alla battaglia di Francavilla, nella brigata di Félix de Aragón. Per dispaccio del 16 giugno 1720 fu promosso brigadiere. Nella spedizione in soccorso di Ceuta fu comandante dei dragoni. Maresciallo di campo per patente del 4 aprile 1732 e tenente generale per titolo del 7 luglio seguente. Comandante generale interino del regno di Aragona tra dicembre 1732 e ottobre 1733, fu indi designato per servire nella campagna d'Italia agli ordini del conte di Montemar. Si distinse alla battaglia di Bitonto (25 maggio 1734) e poi in Sicilia, dove diresse l'assedio di Trapani. Passò in Lombardia, ma ebbe anche il comando negli assedi del forte di San Filippo (Orbetello) e Port'Ercole nello Stato dei Presidi di Toscana. Fu impiegato come ambasciatore in Francia tra il 1737 ed il 1740. Nell'ottobre 1741 fu nominato direttore generale dei dragoni e nel 1742 comandante generale interino della Catalogna. Nel dicembre dello stesso anno ricevette il comando effettivo dell'esercito destinato a invadere la Savoia agli ordini dell'infante don Filippo[47]. Capitano generale dei Reali Eserciti per titolo del 6 gennaio 1743, comandó l'esercito spagnolo in Italia nelle campagne del 1743 e 1744 e poi in quelle dal 1746 al 1748. Alla fine del 1754 succedette al conte di Glymes come capitano generale dell'esercito e principato di Catalogna e morì in Barcellona.

Sebastián de Matamoros.

Capitano della compagnia di artiglieri di Aragona che si formò nel febbraio 1708. Gli fu concesso il grado di colonnello il 1º gennaio 1710. Dopo la sconfitta di Saragozza collaborò con il marchese di Canales nel riordino dell'artiglieria dell'esercito. Incorporato al reggimento di Artiglieria di nuova formazione, ne fu nominato te-

---

46   A quel tempo si usava chiamare «della morte» i corpi vestiti in giallo e nero.
47   Futuro Duca di Parma.

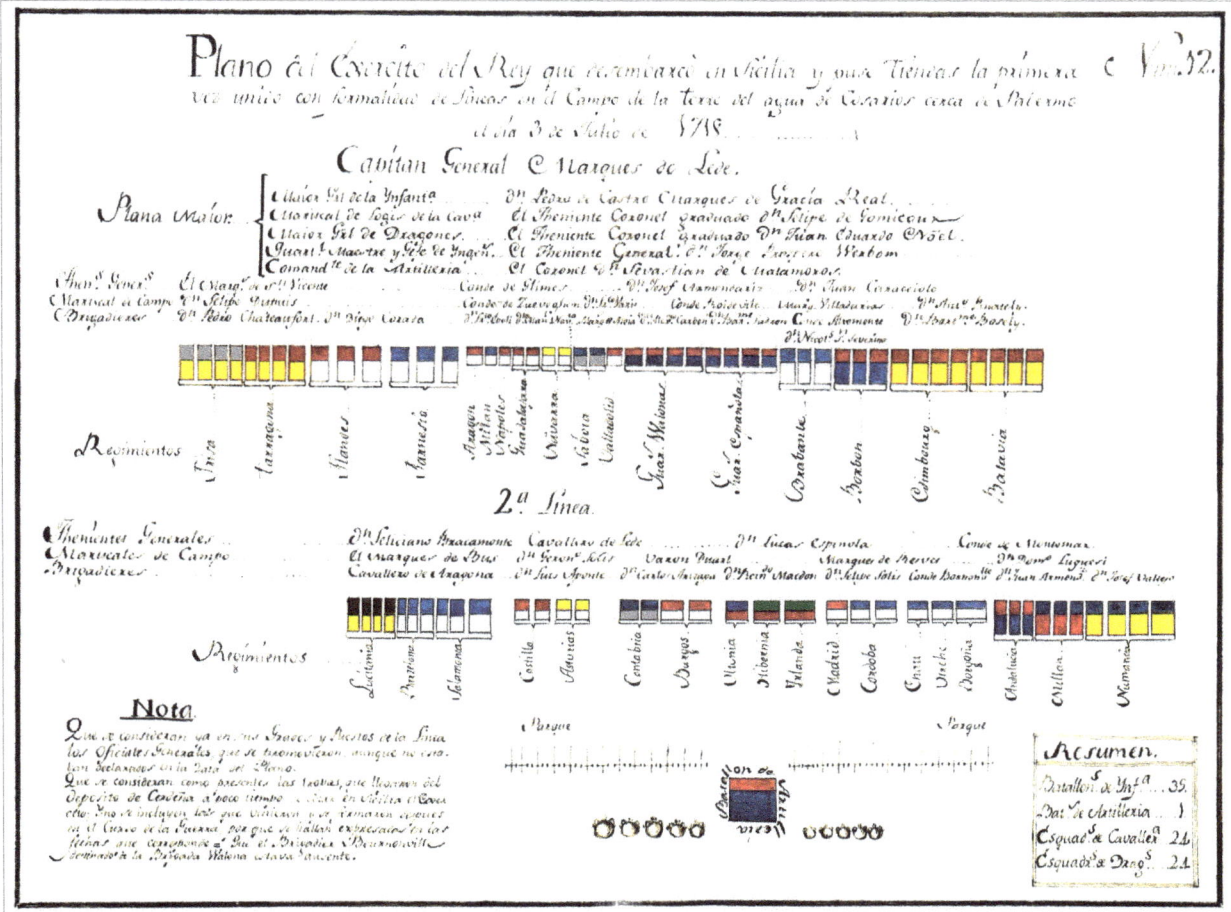

▲ Piano dell'esercito spagnolo in Sicilia (tratto da *Colección de cuadros y planos sobre la Guerra de Cerdeña y Sicilia Mss La Mina BN Madrid e rielaborato*

nente colonnello del primo battaglione. Nel dicembre 1710 comandó il reggimento nella battaglia di Villaviciosa. Da colonnello fu a capo dell'artiglieria impiegata nella spedizione di Sardegna dell'anno 1717. Servì nella spedizione di Sicilia del 1718 come comandante dell'artiglieria. Per patente del 29 ottobre 1720 fu promosso brigadiere.

SPEDIZIONE DI SICILIA

Capitano Generale.

Jean-François-Nicolas de Bette, marchese di Lede.
[Vedi spedizione di Sardegna]

Tenenti Generali.

Giovanni (Giovanbattista) Caracciolo (Caracholo) di Torella

[Napoli 1674 – Francavilla 20 giugno 1719] Figlio di Marino Caracciolo principe di Torella, cominciò a servire nel 1698 come volontario nelle galere di Napoli. Nel 1702 fu uno dei dieci capitani del reggimento di cavalleria formato a spese della nobiltà napoletana denominato *Guardia de Italia*. Alla fine del 1703 levò un reggimento di cavalleria napoletana a sue spese del quale fu nominato colonnello. Passò con il suo reggimento a Milano e quindi nel 1705 in Catalogna dove partecipó alla difesa di Barcellona. Dopo la capitolazione della piazza il reggimento fu sciolto in Almería nel dicembre 1705. Nel gennaio 1706 fu nominato sottotenente della terza compagnia (italiana) delle guardie del corpo del capitano duca di Popoli, al momento della sua creazione e nel giugno 1706 fu promosso brigadiere di cavalleria. Combattè nella battaglia di Almansa sotto gli ordini del duca di Berwick. Nel giugno 1708 fu nominato ispettore della cavalleria del regno di Valencia, carica rinnovatagli nell'aprile 1712. Per titolo del 15 dicembre 1709 fu promosso maresciallo di campo. Fece la campagna del 1710 nell'esercito d'Andalusia e quella del 1711 in Valencia. Terminata la guerra passò ad esser ispettore della cavalleria di Andalusia. Il 20 dicembre 1717 fu nominato Direttore e Ispettore generale della Cavalleria di Spagna, carica vacante per la morte del marchese di Bay.

Partecipó alla spedizione di Sicilia del 1718 e il 20 giugno 1718 fu promosso tenente generale ricevendone la comunicazione a Palermo il 5 luglio. Si trovò all'assedio di Messina. Nella battaglia di Francavilla (20 giugno 1719) comandó le truppe che lottarono nel piano dei Capuccini, dove ricevette una ferita mortale della quale non sopravisse.

Luca Spinola (poi conte di Siruela)

[Madrid 6 dicembre 1679[48] - ivi 3 luglio 1750]. Grande di Spagna di 1ª classe. Cavaliere del Toson d'oro e commendatore di Valdericote (nell'ordine di Santiago); era anche cavaliere di Malta, ma non pronunciò mai i voti[49]. Apparteneva al ramo dei Duchi di San Pietro in Galatina (oggi Galatina in provincia di Lecce) della famiglia patrizia genovese Spinola. Suo padre il duca Francesco Maria era un generale e la madre Isabella Spinola dei marchesi de los Balbases discendeva dal grande condottiero Ambrogio Spinola.

Cominciò a servire nel maggio 1687 allora minore d'età come capitano di una compagnia del *tercio di Saboya*. Per patente del 17 novembre 1695 succedette a suo padre come maestro di campo di un *tercio* straordinario di fanteria spagnola in Milano. Riformato questo nel febbraio 1700, passò a comandare il *tercio de la Mar de Nápoles*. Alla fine del 1702 gli fu concesso il governo della città di Lodi. Il 21 agosto 1704 fu promosso maresciallo di campo conservando il comando del suo *tercio*. Per decreto del 14 febbraio 1707 fu promosso tenente generale. Nel maggio del 1707 dopo l'evacuazione del Milanesato fu destinato a Napoli, e di lí passò in Sicilia, dove fu nominato direttore generale della fanteria del regno. Esercitò questo impiego fino al suo ritorno in Spagna con l'esercito nel dicembre 1713. Servì nella spedizione di Sicilia del 1718 dove fu nominato governatore della città di Messina e si acquistò gran fama per la splendida difesa che fece della cittadella nel 1719. Tornato in Spagna fu nominato capitano generale de la Costa de Granada e poi capitano generale di Aragona, incarico che avrebbe esercitato fino alla sua morte. Nel dicembre 1725 fu nominato direttore generale della fanteria e per real dispaccio del 5 febbraio 1729 capitano generale dei Reali Eserciti. Noto come «conte di Siruela» dal 1730, titolo ereditato dalla moglie Maria Luisa de Silva alla morte del nonno Antonio Velasco de la Cueva. Morì a Madrid dopo 56 anni di servizio.

Antonio Pignatelli, marchese di San Vicente.

[Vedi spedizione di Sardegna]

Ignace-François Glymes de Brabant, conte de Glymes, conte de la Falize.

[1677- 5 dicembre 1754]. Grande de Spagna (1746). Cavaliere di Alcantara, commendatore di Belvis de la Sierra. Nel 1702 fu nominato capitano di una compagnia di fucilieri del secondo battaglione del reggimento delle *guardie vallone* che si stava formando. Passò poi in Spagna nel 1703 in qualità di capitano della compagnia di granatieri del primo battaglione. Nel 1704 durante il combattimento di Montesanto (Portogallo), la sua compagnia insieme a quella del marchese di la Vère fecero prigionieri due battaglioni olandesi. Partecipó all'assedio di Gibilterra. Per patente del 25 febbraio 1706 fu promosso brigadiere. Combattè nella battaglia di Almansa e si trovò alla presa di Lérida. Nel 1708 guidò la brigata delle guardie nell'assalto della piazza di Tortosa, della quale fu nominato governatore interino. Per titolo del 16 dicembre 1709 fu promosso maresciallo

---

48 Secondo fonti notarili genovesi; molti altri indicano 25 marzo 1680.

49 Nel Settecento, con il sempre più frequente uso di fare entrare i giovinetti nell'Ordine, accadeva spesso che poi non emettessero la professione religiosa. In tal caso essi conservavano il titolo di cavaliere, ma conducevano vita laica, non godevano di immunità e potevano sposarsi. Venne così a costituirsi di fatto la figura del cavaliere non professo che è oggi maggioritaria (Per queste informazioni si ringrazia il cav. Andrea Lercari curatore del ruolo dei cavalieri liguri dello S.M.O.M.).

di campo. Nella campagna di 1710 si trovò alle battaglie di Saragozza, Brihuega e Villaviciosa. Per titolo del 20 novembre 1711 fu promosso tenente generale. Partecipò al recupero di Gerona e all'assedio di Barcellona, dove la sua compagnia perse 112 uomini dei 130 che la componevano. Per titolo del 2 maggio 1715 fu nominato governatore proprietario di Tortosa. Con patente del 1° giugno 1717 fu promosso tenente colonnello del reggimento delle *guardie vallone*. Servì nella spedizione di Sicilia del 1718 e si trovò all'assedio di Messina. Nel novembre 1723 fu nominato comandante generale delle frontiere di Castiglia. Prese parte all'assedio di Gibilterra del 1727. Per titolo del 2 luglio 1734 fu promosso capitano generale dei Reali Eserciti. Capitano generale interino del principato di Catalogna e in proprietà nel 1737, impiego nel quale rimase fino alla morte. Colonnello del reggimento di guardie vallone il 2 dicembre 1746. Morì a Madrid.

Joseph Carrillo de Albornoz y Montiel, conte (poi duca) di Montemar.
[Vedi spedizione di Sardegna]

Feliciano Bracamonte.
Iniziò a servire nel 1692 nella marina (*Armada*). Nel 1693 fu nominato capitano di una compagnia di cavalleria nello stato di Milano. Fu capitano, sergente maggiore e tenente colonnello del reggimento di cavalleria del principe di Molfetta. Per patente del 5 maggio 1705 succedette al marchese di Valdefuentes come colonnello di un reggimento di cavalleria nello stato di Milano. Fu presente al combattimento di Castiglione (8 settembre 1706). Dopo l'evacuazione del milanese, passò con il suo reggimento in Spagna, venendo riformato a Logroño. Il 28 settembre 1707 fu nominato brigadiere di cavalleria. Con patente del 2 novembre 1707 gli fu concesso il comando del reggimento di cavalleria di *Santiago Viejo*. Fece le campagne del 1708 e 1709 in Estremadura agli ordini del marchese di Bay e poi passò all'esercito di Valencia agli ordini del cavaliere d'Asfeld e del cavaliere di Croix. Servì di nuovo nel 1710 agli ordini del marchese di Bay. Con titolo del 1° ottobre 1710 fu promosso maresciallo di campo (confermato il 25 maggio 1711). Si acquistò una gran fama come comandante di cavalleria sbaragliando il nemico in numerose occasioni. Partecipò alla battaglia di Villaviciosa (10 dicembre 1710) e inseguì i resti dell'esercito del pretendente austriaco nella sua ritirata verso la Catalogna. Nel novembre 1711 fu incaricato dell'assedio di Cardona. Fece la campagna del 1712 in Aragona e Catalogna agli ordini del principe T'Serclaes Tilly. Per titolo del 10 maggio 1716 fu nominato governatore di Saragozza ed esercitò come comandante generale interino del regno d'Aragona. Servì nella spedizione di Sicilia del 1718. Il 20 giugno 1718 fu promosso tenente generale ricevendone la comunicazione a Palermo il 5 luglio. Evacuata l'isola fu nominato comandante interino della costa di Granada e per titolo del 30 dicembre 1721 comandante generale di Estremadura.

Jorge Próspero Verboom, poi marchese di Verboom.
[1665-19 gennaio 1744]. Cominciò a servire nel 1674 in Borgogna, trovandosi alla difesa di Besançon e Dole e quindi nell'esercito dei Paesi Bassi spagnoli; cadetto nel 1677, alfiere nel 1685 e ingegnere volontario. Con patente del 6 dicembre 1690 fu nominato ingegnere dell'artiglieria dell'esercito di Fiandra. Capitano di una compagnia di fanteria nel 1692. Per titolo dell'8 agosto 1693 fu nominato quartier-mastro e ingegnere generale dei Paesi Bassi spagnoli e per titolo del 1° novembre 1695 gli fu concesso il grado di maestro di campo di cavalleria spagnola. Con patente del 30 aprile 1698 fu nominato colonnello del reggimento di cavalli-corazze alemani alti di *Lorena*, di cui fece rinuncia il mese seguente. Fu promosso brigadiere di cavalleria per real titolo dato in Barcellona l'8 febbraio 1702 ed il 6 aprile seguente fu nominato ingegnere generale dei Paesi Bassi (spagnoli) conservando l'incarico precedente di quartier-mastro generale. Per titolo del 25 aprile 1704 fu promosso maresciallo di campo nell'esercito di Fiandra. Nel febbraio 1709 ricevette l'ordine d'andare in Spagna, dove il 28 maggio 1709 fu destinato all'esercito di Estremadura, agli ordini del marchese di Bay con gli stessi impieghi che ricopriva in Fiandra. Con titolo del 16 dicembre 1709 fu promosso tenente generale. Con titoli del 13 gennaio 1710 fu nominato ingegnere generale di tutti gli eserciti, piazze e fortificazioni del regno e quartier-mastro generale degli eserciti, incarico quest'ultimo che aveva ricoperto durante 17 anni in Fiandra[50]. Nel maggio 1710 come

---

50   A.H.N. Diversos-Colecciones, 197,N.20

tenente generale fu assegnato all'esercito che doveva operare in Aragona e Valencia agli ordini di T'Serclaes e Villadarias. Comandó il distaccamento che diede luogo al combattimento di Almenara il 27 luglio 1710, nel quale restò ferito e prigioniero. Non venne scambiato fino alla primavera del 1711. Fece le campagne del 1711 e 1712 nell'esercito di Aragona e Catalogna agli ordini del principe T'Serclaes Tilly. Con titolo de 21 febbraio 1715 fu nominato governatore de la Seu de Urgell e piazza di Castell Ciutat, con il comando delle *veguerías* [milizie catalane] di Puicerdá, Cervera e Manresa. Dal 1715 al 1718 diresse la costruzione della cittadella di Barcellona di cui per titolo del 13 maggio 1718 fu poi nominato governatore[51].

Servì nella spedizione di Sicilia del 1718 come quartier mastro generale e capo degli ingegneri. Disegnò il piano dell'assedio contro Messina e poi quello della piazza di Milazzo, dove restò leggermente ferito. Prima della battaglia di Francavilla fu di opinione contraria all'idea del marchese di Lede di dar battaglia in quelle posizioni, e per non essere state prese in considerazione le sue opinioni, si ritirò dalle operazioni. Tornò in Spagna nel mese di ottobre 1719 e si trovò al recupero de la Seo de Urgell contro i Francesi. Nel 1720 creò in Barcellona la *Real Academia Militar de Matemáticas e Fortificación*. Prese parte all'assedio di Gibilterra del 1727. Venne poi nominato tenente generale il 17 luglio 1734 e capitano generale dei Reali Eserciti per titolo de 17 novembre 1737.

Marescialli di Campo.

Felipe Dupuy.

Cominciò a servire nello stato di Milano, capitano di una compagnia della cavalleria straniera che s'integrò nel reggimento di *Fernando Suárez de Figueroa*, del quale fu tenente colonnello. Fu promosso al grado di colonnello di cavalleria nel 1703, e poi brigadiere di cavalleria il 22 settembre 1705 per il valore dimostrato nel combattimento di Cassano. Con patente del 12 dicembre 1707 fu promosso colonnello del reggimento, con il quale servì poi in Francia e Alsazia, dopo l'abbandono dello Stato di Milano da parte della Spagna. Rientrato in Spagna, il suo reggimento fu riformato nel 1715, passando per patente del 3 luglio 1715 al comando di quello che era stato di Gabriel Cano de Aponte, reggimento che nel febbraio 1718 avrebbe ricevuto il nome di *Barcellona*. Destinato alla spedizione di Sicilia e promosso maresciallo di campo per titolo del 22 maggio 1718. Prese parte all'occupazione di Augusta, abbandonata dal nemico, agli inizi di agosto. Con titolo del 29 luglio 1721 fu nominato governatore di Ciudad-Rodrigo e per patente del 4 aprile 1732 fu promosso tenente generale. Fu quindi comandante generale interino delle frontiere di Castiglia.

Charles-Joseph de Jauche e de Harchies de Ville, cavaliere di Jauche, conte di Zweveghem.

Cavaliere di Santiago, commendatore di Sagra e Zenet. Fu nominato capitano di una compagnia di fucilieri del secondo battaglione del reggimento delle *guardie vallone* nel 1702 quando si creò il reggimento in Fiandra; capitano della compagnia di granatieri del suo battaglione con patente del 1º febbraio 1706. Brigadiere di fanteria per patente del 12 genaio 1707. Combattè nella battaglia di Almansa. Prigioniero nella battaglia di Saragozza (20 agosto 1710). Combattè in quella di Villaviciosa (10 dicembre 1710). Prese parte alle spedizioni di Sardegna e di Sicilia. Fu promosso maresciallo di campo il 6 luglio 1718 mentre serviva in Sicilia. Dopo aver participato all'assedio di Messina, passò al comando di un corpo di truppe l'8 ottobre all'assedio della piazza di Milazzo. Restò prigioniero dopo aver ricevuto due ferite nella difesa della casa di San Giovanni durante la battaglia di Milazzo. Tornò a comandare una compagnia di fucilieri delle *guardie vallone* il 26 maggio 1721. Prese parte all'assedio di Gibilterra del 1727. Sergente maggiore del reggimento con titolo del 29 settembre 1727; con patente del 4 aprile 1732 fu promosso tenente generale. Servì nella conquista di Orano. Per ordine del 18 febbraio 1734 fu destinato a servire in Italia, donde passò nel giugno 1734; si trovò all'assedio di Gaeta; servì come comandante del blocco di Capua, dove morì nel mese di settembre seguente.

Albert-Joseph-Victor-Maximilien Dongelberg, cavaliere (poi marchese) di Rêves

[+4 marzo 1736]. Capitano di una compagnia del reggimento di cavalleria di *Toulongeon* nei Paesi Bassi spagnoli.

---

51   Gaceta de Madrid del 3 maggio 1718.

Tav. 15 Reggimento dell'artiglieria

Tav. 16 Soldato del reggimento di dragoni *Lusitania* e fuciliere del reggimento di fanteria *Saboya*.

Fu nominato capitano di una compagnia di fucilieri del secondo battaglione del reggimento di guardie vallone alla sua creazione nel 1703; capitano comandante del quarto battaglione nel 1704. Servì all'assedio di Gibilterra. Capitano di una compagnia di granatieri dello stesso reggimento per patente del 1° luglio 1706. Brigadiere di fanteria per titolo del 12 gennaio 1707. Fece la campagna del 1712 nell'esercito di Estremadura e quella del 1713 in Catalogna. Servì all'assedio di Barcellona nel 1713-1714. Servì poi nelle spedizioni di Sardegna e di Sicilia. Il 22 maggio 1718, mentre si trovava di servizio in Sicilia, fu promosso maresciallo di campo. Assistette al conte di Montemar comandando i granatieri dell'esercito che coprirono la ritirata da Milazzo a Francavilla. Tenente generale per titolo del 4 aprile 1732. Nell'ottobre 1733 fu nominato per partecipare alla campagna d'Italia (conquista del regno di Napoli) agli ordini del conte di Montemar; dal novembre 1733 fino alla fine di luglio 1734 fu impiegato nella direzione delle marce e nel campo di Aversa come comandante generale.

Jean-Ferdinand de le Roy de Ville, conte de Roydeville

[1669-30 aprile 1749]. Fu nominato capitano di una compagnia di fucilieri del primo battaglione del reggimento di *guardie vallone* al momento della sua creazione nel 1703. Servì al blocco di Gibilterra. Nel luglio 1705 passò in Fiandra ad effettuare una recluta di 650 uomini per le guardie vallone. Corregidor di Morella tra il 1709 ed il 1711. Brigadiere per titolo dell'11 dicembre 1710. Per titolo del 5 dicembre 1716 fu nominato governatore di Balaguer ed abbandonò il reggimento delle guardie. Nel 1718 fu nominato governatore militare di Morella, ma non esercitò questo incarico fino al 1721 per aver dovuto servire nelle campagne di Sicilia e di Ceuta. Il 22 maggio 1718, mentre si trovava di servizio in Sicilia, fu promosso maresciallo di campo. Nell'assedio della cittadella di Messina gli fu assegnato il comando del quartiere di Santa Chiara, Palazzo Reale e piano di Elías e fu nominato governatore interino della cittadella dopo la sua occupazione. Servì nella difesa della piazza di Ceuta nel 1720-1721. Nel 1723 fu nominato governatore interino di Alicante, dopo la sua occupazione. Fu poi nominato governatore di Barcellona il 14 settembre 1727, impiego che disimpegnò fino al 1737. Governatore del Campo di Gibilterra tra il 1728 e il 1735. Con patente del 4 aprile 1732 fu promosso tenente generale. Capitano generale di Estremadura dal 1735 al 1737 e governatore e capitano generale delle coste del mar oceano, esercito e regno di Andalusia dal 1737 alla data della sua morte.

Antonio del Castillo y Ventimiglia, marchese di Villadarias, marchese di Cropani, conte del Peñón de la Vega

[1686-1740]. Cavaliere di Santiago. Figlio maggiore del generale Francisco del Castillo, marchese di Villadarias. Capitano di una compagnia del reggimento di cavalleria di *Estremadura*. Per patente del 1° luglio 1704 fu nominato colonnello di un reggimento di fanteria che con l'ordinanza del 1707 si sarebbe chiamato *Burgos* ed il 20 ottobre seguente fu nominato sergente maggiore generale della fanteria, impiego che esercitò durante l'assedio di Gibilterra. Fu promosso brigadiere di fanteria il 28 febbraio 1706. Fece la campagna d'estate del 1706 nell'esercito di Andalusia. Nel marzo 1707 passò all'esercito di Berwick, combattendo nella battaglia di Almansa il 25 aprile 1707. Servì la campagna del 1708 nell'esercito di Estremadura, e la campagna del 1709 nell'esercito di Valencia agli ordini del cavaliere d'Asfeld e nel 1710 di nuovo in Estremadura agli ordini del marchese di Bay. Comandó i quattrocento granatieri che parteciparono l'8 luglio 1710 all'attacco della piazza di Miranda de Duero che fu presa per assalto. Per titolo del 3 maggio 1711 fu promosso maresciallo di campo. Fece le campagne dal 1711 al 1713 in Estremadura. Servì nella spedizione di Sicilia del 1718. Diresse il distaccamento di granatieri che la notte tra il 28 ed il 29 settembre 1718 si impadronì per assalto dei trinceroni nemici che coprivano le mura di Messina, cogliendo prigioniero il general Rohr e dando luogo alla resa della piazza. Nella battaglia di Francavilla (20 giugno 1719) partecipó alla difesa della posizione della montagna dei Capuccini, agli ordini del tenente generale Armendáriz. Il 5 giugno 1719 fu promosso tenente generale. Fu presente al recupero di Orano e alla fine del 1732 succedette al marchese di Santa Cruz come governatore di quella piazza.

Jerónimo de Solís y Gante.

Cavaliere di Calatrava, commendatore di Estepa. Figlio del conte di Montellano. Capitano di fanteria spagnola in Sardegna e "governatore" della galea *Patrona* nel febbraio de 1702. Per patente del 26 novembre 1702

Tav. 17 Ufficiale del reggimento di cavalleria *Flandes*

fu nominato capitano di una compagnia del reggimento di cavalleria di *Brabante* in Milano, con la quale prese parte allo scontro di Casale. Per patente del 29 giugno 1704 fu nominato colonnello di un reggimento di fanteria spagnola de la *Armada del Mar Océano* (la flotta dell'Atlantico) che nell'ordinanza del 1707 avrebbe ricevuto il nome di *Bajeles* e con il quale avrebbe servito tutta la guerra della successione spagnola. Nella campagna del 1705 servì in Galicia e Castiglia e in quella del 1706 in Estremadura. Combattè ad Almansa, passando a comandare la brigata durante la battaglia in seguito alla morte a causa del fuoco nemico del brigadiere Diego Dávila. Partecipò con il suo reggimento nel 1708 all'assedio di Denia, essendo stato promosso per il suo comportamento brigadiere per patente del 24 novembre 1708. Servì in Valencia col suo reggimento la campagna del 1709 e quelle del 1710 e 1711 in Aragona e Catalogna. Combattè nelle battaglie di Saragozza e Villaviciosa. Nel 1714 partecipò all'assedio di Barcellona e mise in rotta gli insorti a Alcover. Per titolo dell'11 aprile 1715 fu nominato ispettore della fanteria dell'esercito di Estremadura e frontiere di Castiglia. Servì nella spedizione di Sicilia e per titolo del 22 maggio 1718 fu promosso maresciallo di campo. Prese parte all'assedio di Messina del 1718 e combattè nella battaglia di Milazzo. Si distinse alla battaglia di Francavilla (20 giugno 1719). Per titolo del 30 dicembre 1721 fu nominato governatore di Valencia e nel 1726 governatore di Malaga. Prese parte all'assedio di Gibilterra del 1727. Per patente del 4 aprile 1732 fu promosso tenente generale.

Joseph Vallejo de la Canal.

Cavaliere di Santiago, commendatore di Bedmar e Albanchez. Capitano di una compagnia del reggimento di cavalleria *Real de Asturias*. Colonnello del reggimento di dragoni di *Osuna*. Per titolo del 28 settembre 1710 fu promosso brigadiere. In ottobre 1710 serviva nell'esercito di Castiglia agli ordini di Pedro Ronquillo. Fu uno dei grandi comandanti di cavalleria dell'esercito borbonico durante la guerra di Successione. Il suo reggimento di dragoni per l'ordinanza del 10 febbraio 1718 prese il nome di *Numancia*. Servì nella spedizione di Sicilia del 1718 a capo della brigata formata dai quattro squadroni del suo reggimento. Maresciallo di campo per titolo del 5 giugno 1719. Evacuato il regno passò alla difesa di Ceuta. Nel 1733 fu nominato comandante generale delle piazze di Orano e Mazalquivir e per patente del 5 febbraio 1734 fu promosso tenente generale. Fu nominato presidente interino della Udienza del regno di Aragona e nel luglio 1739 passò ad essere comandante generale di Maiorca, impiego che esercitó fino alla morte avvenuta nel 1743.

Domenico Lucchese Palli.

Apparteneva alla nobile famiglia siciliana dei Lucchesi Palli (detti anche Lucchese o Lucchesi) ed era figlio di Giovanni Lucchese Palli principe di Campofranco. Cominciò a servire nel 1701 in Sicilia. Per patente dell'8 ottobre 1703 fu nominato capitano di una compagnia di cavalli dragoni archibugieri in Sicilia, che fu riformata nell'ottobre 1704. Capitano di una compagnia di cavalli corazze spagnole di nuova leva per patente del 1° settembre 1706. Nel maggio 1707 gli si concesse il grado di tenente colonnello di cavalleria. Per patente del 2 aprile 1708 fu nominato colonnello di un reggimento di cavalleria di nuova leva che prese il suo nome, formato su sei compagnie composte da gente del paese, con la forza di due squadroni. Per patente del 27 marzo 1710 fu promosso brigadiere e con altra del 30 maggio 1713 fu promosso maresciallo di campo con ritenzione del suo reggimento. Abbandonò con il resto delle truppe spagnole il regno di Sicilia nel dicembre 1713 venendo destinado all'esercito della Catalogna agli ordini del duca di Popoli. Servì durante l'assedio di Barcellona (1713-1714). Il suo reggimento venne riformato il 4 agosto 1715. Servì nella spedizione di Sicilia del 1718. Gli fu affidato il blocco di Milazzo e si distinse alla battaglia di Francavilla (20 giugno 1719). Per titolo del 9 novembre 1720 fu promosso tenente generale, passando a servire in Catalogna.

Gérard-Mathias d'Huart, barone di Huart

[1677-24 marzo 1730]. Cominciò a servire nei Paesi Bassi spagnoli come alfiere di cavalleria nel 1692. Fu nominato aiutante maggiore delle guardie vallone nel 1703 quando si creó il reggimento; fu presente all'assedio di Gibilterra. Per titolo del 12 gennaio 1707 fu promosso brigadiere di fanteria. Combattè il 25 aprile 1707 nella battaglia di Almansa, nella quale morirono al suo fianco otto dei suoi fratelli. Per patente del 1° ottobre 1707 fu promosso capitano di una compagnia di fucilieri; si trovò agli assedi e prese di Lérida e Tortosa. Servì le campagne del 1709 e 1710 in Aragona e Catalogna. Maresciallo di campo per titolo del 17 febbraio 1711, proseguì il servizio nello stesso esercito. Per titolo del 24 agosto 1711 fu nominato governatore di Monzón. Servì nel 1714 nell'assedio e presa di Barcellona. Prese parte alla spedizione di Sicilia del 1718, nella quale si trovò agli assedi di Castellamare e Messina e alla battaglia di Francavilla. Per titolo del 5 giugno 1719 fu promosso tenente generale. Per titolo del 12 settembre 1719 fu nominato governatore politico e militare di Gerona e comandante generale dell'Ampurdán, impiego che esercitò fino alla sua morte.

Pedro de Castro Figueroa y Salazar, marchese di Gracia Real de Ledesma, poi duca di la Conquista.

[1678-22 agosto 1741]. Cavaliere de San Gennaro e di Santiago e commendatore di Castilseras (Ordine di Calatrava). Cominciò a servire in Fiandra nel luglio 1689 come soldato, divenendo poi sergente, tenente e aiutante. Passò in Spagna donde fu nominato aiutante maggiore del reggimento che aveva levato la città di Madrid, poi capitano di una delle sue compagnie e infine sergente maggiore dello stesso reggimento. Per patente del 7 maggio 1704 fu nominato aiutante maggiore delle guardie di fanteria spagnola, con grado di capitano delle guardie. Si trovò nella campagna di Portogallo del 1704 e nel primo assedio di Gibilterra e nella campagna del 1706 fu fatto prigioniero in Alcántara con la guarnigione. Per patente del 6 aprile 1709 fu promosso brigadiere di fanteria. Si trovò negli assedi e prese di Lérida e Tortosa, bombardamento di Balaguer, e scontro di Peñalba e nella battaglia di Saragozza (20 agosto 1710), nella quale rimase prigioniero. Per patente del 30 dicembre 1710 succedette a Bartolomé Chacón come capitano di una compagnia di fucilieri del primo battaglione del reggimento. Servì come brigadiere nell'esercito di Estremadura durante la campagna del 1712 e in Catalogna in quella del 1713. Per patente del 26 aprile 1713 succedette a Juan Joseph de Heredia come capitano della compagnia di granatieri del secondo battaglione del reggimento. Per patente del 9 giugno 1715 fu nominato sergente maggiore dello stesso corpo. Partecipó alla spedizione di Sardegna del 1717 e a quella di Sicilia del 1718 come *maggiore generale* (capo di stato maggiore) della fanteria. Per titolo del 22 maggio 1718 fu promosso maresciallo di campo. Si trovò agli assedi di Castellamare e Messina e nelle battaglie di Milazzo e Francavilla. Prese parte all'assedio di Gibilterra del 1727. Fu promosso tenente generale il 4 aprile 1732. Servì agli ordini del conte di Montemar come maggiore generale della fanteria nella battaglia di Bitonto (25 maggio 1734) e nel gennaio 1735 fu nominato comandante della spedizione che si inviò in Sicilia per portare a termine la sua conquista, distinguendosi nelle prese delle piazze di Messina, Siracusa e Trapani che capitolò il 12 luglio 1735. Rimase in Sicilia come comandante generale delle truppe spagnole e napoletane dal 1735 al 1737. Capitano generale dei Reali Eserciti per titolo del 17 novembre 1737 e membro del supremo consiglio di guerra. Per patente del 10 agosto 1740 fu promosso tenente colonnello del reggimento delle guardie spagnole. Per titolo del 17 agosto 1740 divenne viceré della Nueva Spagna (Messico) e morì l'anno seguente di febbre gialla a Città del Messico.

Englebert-François de Varick.

Fu nominato capitano di una compagnia di fucilieri del secondo battaglione di guardie vallone nel 1703 quando si formò il reggimento. Fu promosso brigadiere di fanteria per patente del 29 agosto 1709. Fece la campagna del 1712 nell'esercito di Estremadura e quella del 1713 in Catalogna. Promosso capitano comandante, comandò un battaglione del reggimento. Servì nella spedizione di Sicilia. Per titolo del 22 maggio 1718 fu promosso maresciallo di campo. Per titolo del 28 marzo 1724 fu nominato *tenente di re* (vice comandante) di Barcellona e nel 1734 passò aggregato allo stato maggiore della stessa piazza.

Brigadieri.

Félix de Aragón.

Cavaliere di Malta. Cominciò a servire nello stato di Milano come soldato nel reggimento di cavalleria del principe Trivulzio. Capitano di una compagnia del reggimento della Guardia d'Italia. Servì alla difesa di Barcellona del 1704 e rimase prigioniero a Tarragona quando la città aprì le porte ai partigiani dell'arciduca [il

Tav. 18 Tromba del reggimento di cavalleria *Alcántara*.

futuro imperatore Carlo VI]. Nel gennaio del 1706 fu nominato esente della compagnia italiana delle guardie del corpo, con grado di colonnello di cavalleria. Per titolo del 17 febbraio 1711 fu promosso brigadiere, alfiere della sua compagnia. Fece la campagna del 1712 nell'esercito di Estremadura comandando lo squadrone delle guardie del corpo italiane nella campagna di Calaf. Fu poi promosso sottotenente delle guardie del corpo. Servì nella spedizione di Sicilia del 1718 alla testa della brigata formata dai reggimenti di cavalleria di *Barcelona* e *Salamanca* e quello di dragoni di *Lusitania*. Alla fine del maggio 1719 ottenne il comando di un distaccamento di 400 cavalli che copriva il campo spagnolo di Francavilla. Per patente del 5 giugno 1719 fu promosso maresciallo di campo.

Pedro Boyseau, marchese di Châteaufort

[1659 o 1668-26 luglio 1741]. Cavaliere di Calatrava. Cominciò a servire nel 1683 in Fiandra come soldato, poi sergente e alfiere; si trovò alle battaglie di Walcourt e Fleurus; tenente nel 1691, assistette all'assedio di Mons e l'anno seguente alla battaglia di Steinkerke; ferito e prigioniero nel bombardamento di Beaumont (1693); si trovò alla battaglia di Neerwinden. Capitano di una compagnia del reggimento di dragoni di *Valensart* con la quale partecipó nel 1695 agli assedi di Huy e Namur. Nella campagna del 1702 si trovò agli assedi di Landau e Trarbach e nella successiva alla battaglia di Eckeren. Nel 1706 serviva come tenente colonnello del reggimento di dragoni di *Risbourg* con grado di colonnello dal 1705. Combattè nelle battaglie di Ramillies, Oudenarde e Malplaquet. Passò nell'aprile del 1710 con il suo reggimento a servire in Spagna. Si trovò nelle azioni di Almenara e Peñalba e alla battaglia di Saragozza. Per patente del 17 febbraio 1711 fu promosso brigadiere di cavalleria, servendo in quella campagna nell'esercito di Aragona e di Catalogna. Per patente del 7 settembre 1711 fu nominato colonnello di un reggimento di dragoni che per permesso reale assunse il nome di *Bandoma* (*Vendôme*). Si trovò al combattimento di Calaf e nel disastroso assedio di Cardona. Fece le campagne del 1712 e 1714 nell'esercito di Aragona, Catalogna e Valencia e servì al blocco e assedio di Barcellona. Comandó la cavalleria ed i dragoni nella spedizione di Maiorca e servì con il suo reggimento nel 1717 nella spedizione di Sardegna. L'anno seguente il reggimento passò a denominarsi di *Frisia*. Servì nella spedizione di Sicilia del 1718 alla testa della brigata formata dai reggimenti di dragoni di *Frisia* e *Tarragona*. Maresciallo di campo il 5 giugno 1719. La notte del 19, prima della battaglia di Francavilla, comandava i distaccamenti avanzati della cavalleria e risultó ferito il giorno seguente nell'azione. Nel maggio 1721 servì nella spedizione di soccorso a Ceuta. Il 7 maggio 1726 fu nominato governatore di Jaca. Fu impiegato nel 1732 nella spedizione contro Orano; l'anno seguente fu destinato a partecipare alla campagna d'Italia agli ordini del conte di Montemar. Fu impiegato in Toscana come maresciallo di campo fino all'11 marzo 1734 quando fu promosso tenente generale; passò all'esercito di Napoli per ordine del 20 marzo 1734; si trovò destinato con un distaccamento al blocco di Gaeta. Comandó la colonna formata dai reggimenti di cavalleria di *Milán*, *Extremadura* e *Malta* nella battaglia di Bitonto (1734). Si trovò nel campo volante di Puglia e nell'assedio della piazza di Gaeta fino alla sua resa, essendo nominato governatore interino della stessa piazza. Nel 1736 fu nominato capitano generale della Vecchia Castiglia e morì a Zamora.

Bartolomé (Bartolomeo) Boselli.

Originario del Bergamasco, figlio di Scipione Boselli, che era stato bandito dai dominii della Serenissima. Servì nelle Fiandre, durante la guerra della Lega di Augusta, come capitano di una compagnia del *tercio* di dragoni-archibugieri di Nicolás de Agüero e poi di un'altra del reggimento di dragoni di Risbourg, *Sergente maggiore* del reggimento di dragoni di *Melun*, con il quale passò in Spagna nel maggio 1710. Partecipò all'assedio di Gerona del 1710-1711. Il 14 ottobre 1711 fu promosso tenente colonnello del suo reggimento. Per patente del 20 marzo 1711 fu promosso brigadiere dei dragoni però ricevette la patente di brigadiere in Francia, per il qual motivo tardò a essere riconosciuta in Spagna fino al 1720. Nella campagna di Catalogna del 1712 comandó la brigata formata dai reggimenti di *Itre* e *Brouchoven*. Per patente del 14 dicembre 1715 fu nominato colonnello di un reggimento di dragoni col il suo nome. Tra il 1716 e 1717 servì come comandante della piazza di Bellpuig. Il suo reggimento passò a denominarsi *Batavia* in seguito all'ordinanza del 1718. Servì nella spedizione di Sicilia del 1718 alla testa della brigata formata dai reggimenti di dragoni di *Edimburgo* e *Batavia*.

Juan Francisco Armendáriz y Perurena.

[Pamplona 1675 - 1748] *Fratello minore di Joseph de Armendáriz y Perurena, da cui nel 1740 ereditò il titolo di marchese di Castelfuerte.* Cavaliere di Santiago (1699). Cominciò a servire nel 1689 come capitano di dragoni, impiego che esercitava nell'aprile 1698 in Catalogna nel *tercio* di dragoni del fratello Joseph de Armendáriz; poi tenente colonnello del reggimento di cavalleria di Juan Antonio Montenegro. Per patente del 3 luglio 1706 divenne colonnello del suo reggimento. Partecipò alla difesa di Requena del 1706 nella quale rimase prigioniero di guerra. Servì le campagne dal 1708 al 1710 in Estremadura agli ordini del marchese di Bay. Fu promosso brigadiere di cavalleria il 7 febbraio 1711. Fece le campagne del 1711 e 1712 nell'esercito di Estremadura e quella del 1713 in Catalogna. Il suo reggimento nell'ordinanza del 1718 passò a denominarsi *Andalucía*. Servì nella spedizione di Sicilia del 1718 alla testa della brigata formata dai reggimenti di cavalleria di *Andalucía* e *Milan*. Per titolo del 5 giugno 1719 fu promosso maresciallo di campo. Dopo la battaglia di Francavilla, il 26 si distinse nel combattimento con le truppe inglesi sbarcate sulla spiaggia di Schizo. Nel 1721 passò a servire in Navarra. Tenente generale per titolo del 5 febbraio 1734. Si ritirò a casa propria poco dopo.

Diego Corada y Olivera.

Capitano di una compagnia di cavalli del *trozo de Alemanes* nell'esercito di Catalogna nella guerra contro la Francia (1688-1697). Tenente colonnello del reggimento di cavalleria di *Flandes*. Per titolo del 25 aprile 1708 ottenne la graduazione di colonnello di cavalleria. Per patente del 17 febbraio 1711, servendo nelle Fiandre, fu promosso brigadiere. Nel 1718 fu nominato colonnello del reggimento di cavalleria di *Flandes*. Servì nella spedizione di Sicilia del 1718 alla testa della brigata formata dai reggimenti di cavalleria di *Flandes* e *Farnesio*.

Nicola di San Severino, conte di Altomonte

[1678-1750] Figlio di Carlo Maria, principe di Bisignano. I Sanseverino sono una delle più illustri casate storiche italiane, la prima delle sette "grandi Case" del Regno di Napoli. Tuttavia un secolo di controversie ereditarie falcidiò il patrimonio per cui Carlo Maria stabilì la sua residenza ad Altomonte (CS) dove nacquero i suoi figli. Il primogenito di questi, Giuseppe, succeduto al padre nel 1704, lasciò che il fratello Nicola usasse il titolo di conte di Altomonte. Questi passò a servire in Catalogna il 13 agosto 1705 acompagnando il duca di Popoli e fu nominato aiutante di campo del re Filippo V per la campagna. Per titolo del 19 marzo 1707 ricevette il grado di colonnello e il comando di una compagnia del reggimento di cavalleria di Joseph Carrillo. Per patente del 5 gennaio 1708 fu nominato colonnello del reggimento di cavalleria di *Úbeda* e *Baeza*. Fece la campagna del 1708 nell'esercito di Valencia e comandó il suo reggimento nel combattimento del ponte di Montagnana (1° agosto 1709) portando alla corte le sei bandiere che si catturarono. Il 14 giugno 1710 stava col suo reggimento nel campo real di Ibars. Si trovò ai combattimenti di Almenara e Peñalba e alle battaglie di Saragozza e Villaviciosa. Fu promosso brigadiere per patente del 12 febbraio 1711. Servì la campagna del 1711 in Valencia, di dove passò all'esercito di Castiglia e quella del 1712 in Estremadura. Il suo reggimento fu disciolto il 30 giugno 1715 e Nicola passò ad esser colonnello del reggimento di cavalleria di *Brabante*. Servì nella spedizione di Sicilia del 1718 alla testa della brigata formata dai reggimenti di cavalleria di *Brabante* e *Borbón*. Per titolo del 5 giugno 1719 fu promosso maresciallo di campo e nel maggio 1721 lasciò il servizio passando a Genova.

Alejandro Carbone.

Tenente colonnello dello squadrone che formava la compagnia della guardia del governatore delle armi in Fiandra. Capitano di una compagnia di fucilieri del reggimento delle *guardie vallone* al momento della sua formazione nel 1703. Campagna di Portogallo ed assedio di Gibilterra. Combatté nella battaglia di Almansa, e negli assedi di Lérida e Tortosa. Per patente del 29 agosto 1709 fu promosso brigadiere. Combatté nelle battaglie di Saragozza e Villaviciosa. Servì come capo di una brigata di fanteria in Catalogna dal 1° luglio al 25 settembre 1711. Servì le campagne del 1712 e 1713 in Catalogna. Capitano dei granatieri per patente del 9 luglio 1716, con grado di maresciallo di campo. Prese parte alla spedizione di Sardegna e alla spedizione di Sicilia del 1718 alla testa della brigata delle *guardie vallone*. Morì in Sicilia nel 1719.

Louis-Marie-Charles, cavaliere (poi conte) di Lalaing.

Capitano di una compagnia di fucilieri del primo battaglione del reggimento di *guardie vallone* al momento della sua formazione nel dicembre 1702[52]. Fece tutte le campagne col suo reggimento. Tra gennaio e febbraio 1710 serviva come capitano di una compagnia di fucilieri del terzo battaglione. Per patente del 1° luglio 1710 fu nominato capitano di una compagnia di granatieri del sesto battaglione. Fece la campagna del 1710 trovandosi alla battaglia di Saragozza, assalto a Brihuega e battaglia di Villaviciosa. Fu promosso brigadiere per patente dell'11 dicembre 1710 per il suo valore dimostrato nella battaglia di Villaviciosa. Cadde prigioniero mentre inseguiva il nemico dopo la battaglia e fu spogliato di tutti i suoi beni e documenti, rimanendo prigioniero 21 mesi. Servì la campagna di 1713 nell'esercito di Catalogna. Si trovò al blocco e all'assedio di Barcellona (1713-1714). Partecipó alla spedizione di Sicilia. Servì nel settembre 1718 all'assedio di Messina. La notte del 28 al 29 agli ordini del marchese di Villadarias, diresse le compagnie di granatieri che conquistarono per assalto i trinceramenti nemici che coprivano le mura della piazza, cogliendo prigioniero il generale Rohr e portando alla resa della piazza, uscendo ferito dall'azione. Fu promosso maresciallo di campo per titolo del 7 maggio 1720. Nell'ottobre del 1733 fu nominato per participare alla campagna d'Italia agli ordini del conte de Montemar e stando in Italia fu promosso tenente generale per patente del 5 febbraio 1734. Nell'inverno del 1734 passò a servire all'esercito di Estremadura, essendo stato nominato governatore di Badajoz e comandante generale di Estremadura. Morì a Madrid il 14 gennaio 1743.

---

52   AGR. Conseil Royal de Felipe V, legajo 549. AHN. Estado, legajo 842.

APPENDICE II[53]
REGGIMENTI VETERANI CHE SERVIRONO NELLE SPEDIZIONI DI SARDEGNA E SICILIA, CON SINTESI DELLE LORO AZIONI NELLA GUERRA DI SUCCESSIONE SPAGNOLA.

I reggimenti che seguono sono elencati secondo l'ordine di anzianità seguito dalla «*Real Ordenanza*» del 10 febbraio 1718 vigente al tempo della guerra del 1717-1720, diverso da quello definitivo fissato dalla «*Real Ordenanza*» del 16 aprile 1741, con la quale fu stabilita definitivamente l'anzianità di ogni reggimento ponendo termine a controversie durate oltre un quarto di secolo.

Oltre i fatti salienti del reggimento durante la guerra del 1717-1720 sono citati anche quelli della guerra di successione spagnola, indispensabili per comprendere l'effettivo valore ed esperienza di queste truppe, il cui ruolo è sempre stato sottovalutato dalla storiografia del passato.

Per facilitare ulteriori ricerche sono stati indicati anche i cambiamenti di nome e gli scioglimenti sopravvenuti fino al 1808, l'anno dell'invasione francese che, per gli spagnoli, segna l'inizio della *Guerra de Independencia*.

FANTERIA
Reggimenti di guardie[54]

Reales guardias españolas
Quattro battaglioni; anzianità 1704.
Colonnelli: Íñigo de la Cruz Manrique de Lara, conde de Aguilar y Frigiliana (Patente 4 marzo 1704); Guillen Ramón de Moncada, marchese di Aytona (Pat. 26 settembre 1705).
Guerra di successione spagnola: 1704, campagna di Portogallo (conquista delle piazze di Montealegre, Castelo de Vide e Marvão); 1705, assedio di Gibilterra, Valencia, azioni di Monrroyo e San Mateo; 1706, assalto di Villarreal e assedio di Alcira, perdita di Alcántara (1° battaglione), prese di Cuenca, Villena, Orihuela e Cartagena; 1707, presa del castello di Ayora, battaglia di Almansa, presa di Requena, assedio e presa di Lérida; 1708, recuperi di Chiva, Caspe, Fabara e Vallobar, azione de la Conca de Tremp, assedio di Tortosa; 1709, Estremadura (battaglia di La Gudiña); 1710, battaglia di Saragozza, assalto a Brihuega e battaglia di Villaviciosa; 1711, assedio di Cardona; 1712, Catalogna: 1713, combattimento tra la Torre di Embarra e Altafulla, blocco di Barcellona; 1714, assedio e presa di Barcellona.
Spedizione di Sardegna: 1717, assedi di Cagliari e Alghero.
Spedizione di Sicilia: 1718, assedio della cittadella di Messina; assedio e battaglia di Milazzo; 1719, battaglia di Francavilla.

Reales guardias valonas
Quattro battaglioni; anzianità 1704 (in realtà fu formato nel 1703 nei Paesi Bassi meridionali)[55].
Colonnelli: Charles-Antoine de Croy de Halluin, duca d'Havré (1704); Jean-Baptiste-François-Joseph de Croy,

---

53   A cura di José Luis de Mirecki Quintero e Paolo Giacomone Piana.
54   Gli ufficiali dei reggimenti delle Guardie (spagnole e vallone) erano tutti insigniti di graduazioni militari superiori a quelle ricoperte nel rispettivo reggimento; dal maggiore in su ricoprivano quasi sempre il grado di ufficiale generale (da brigadiere in su). Durante la guerra del 1717-1720 i reggimenti delle guardie spagnole e vallone formarono ciascuno altri due battaglioni che rimasero nella penisola iberica.
55   Il 17 ottobre 1702 un decreto reale stabiliva la creazione del reggimento delle guardie vallone nei Paesi Bassi Spagnoli, con uomini originari di quei paesi e gli ufficiali tutti esponenti dell'aristocrazia belga. Dopo la battaglia di Eckeren (1703), in cui il reggimento si distinse in modo singolare, si era pensato di sciogliere l'unità a causa della gelosia che suscitava nella nobiltà spagnola; però il reggimento venne alla fine mantenuto in vita, ma si decise di inviarlo in Spagna nel dicembre 1703.

Tav. 19 Portastendardo del reggimento di cavalleria *Milán*.

duca d'Havré (Pat. 15 ottobre 1710); Charles de Montmorency, Principe di Robecque (1 ottobre 1716); Guillaume de Melun, marchese di Risbourg (27 ottobre 1716)

Guerra di successione spagnola:

1704, campagna di Portogallo (assedi di Salvatierra, Penha Garcia, Portalegre, Castelo de Vide, Castelo Branco e Monsanto); 1705, assedio di Gibilterra; 1706, attacchi di San Mateo e Villa Real, assedi di Játiva, Alcira e Denia; 1707, battaglia di Almansa e presa di Lérida; 1708, assedio di Tortosa; 1709, battaglia di La Gudiña; 1710, scontro di Almenara, battaglia di Saragozza, assalto di Brihuega e battaglia di Villaviciosa; 1711 e 1712, Catalogna, assedio di Cardona; 1713-1714, blocco e presa di Barcellona.

Spedizione di Sardegna: 1717, assedi di Cagliari e Alghero.

Spedizione di Sicilia: 1718, assedio della cittadella di Messina, assedio e battaglia di Milazzo; 1719, battaglia di Francavilla.

Reggimenti spagnoli

Castilla

Due battaglioni; l'ordinanza del 1741 non indica la data della sua anzianità, dicendola *Inmemorial* (da sempre); *Regimiento del Rey* nel 1766.

Colonnelli: Juan Isidro de Padilla y Rojas (Pat. 16 maggio 1703); Emmanuel de Orleans, conde de Charni (Pat. 26 novembre 1705); Francisco Manuel del Pueyo (Pat. 13 febbraio 1711)

Guerra di successione spagnola: 1704, campagna di Portogallo; 1705, difesa di Badajoz; 1706, Estremadura; 1707, battaglia di Almansa, demolizione delle fortificazioni di Pego, assedio di Denia; 1708, Valencia, azioni contro bande irregolari; 1709, battaglia di La Gudiña; 1710, combattimento di Almenara, battaglia di Saragozza, assalto di Brihuega e battaglia di Villaviciosa; 1711-1713, Aragona e Catalogna; 1714, assedio di Barcellona; 1715, spedizione di Maiorca.

Spedizione di Sicilia: 1718, assedio della cittadella di Messina (presa dei forti Castellaccio, Matagrifone e Gonzaga), assedio e battaglia di Milazzo; 1719, battaglia di Francavilla.

Aragón

Un battaglione; anzianità 1711 (Si ignorano i motivi per cui l'ordinanza del 1718 gli riconosce una posizione preminente).

Colonnello: Manuel de Sada y Antillón (Pat. 6 luglio 1711-1733).

Guerra di successione spagnola: 1712-1714, guarnigione di Saragozza.

Trasportato in Sardegna all'inizio del 1718, passò in Sicilia alla fine di luglio sbarcando a Messina.

Spedizione di Sicilia: 1718, assedio e battaglia di Milazzo; 1719, battaglia di Francavilla.

Navarra

Due battaglioni; anzianità 1711 (Si ignorano i motivi per cui l'ordinanza del 1718 gli riconosce una posizione preminente).

Colonnelli: Francisco de Mencos (1705); Manuel de Navarra y Mauleón (1709-1726).

Guerra di successione spagnola: 1705, combattimento di Fraga; 1706, campagna in Valencia (azioni di Villareal e San Mateo), di nuovo in Aragona (azioni di Mallen e Magallón, difesa di Cortes e attacco della cittadina di Ejea); 1707, soccorso di Jaca, azione del río Javierre, assedio di Lérida[56]; 1708-1709, Catalogna; 1710, azione dell'eremo de la Virgen de Badain (Aínsa); 1711, Ribagorza (distaccamento del marchese di Valdecañas); 1712-1714, Aragona e Catalogna; 1715, spedizione di Maiorca

Trasportato in Sardegna all'inizio del 1718, passò in Sicilia alla fine di luglio sbarcando a Messina. Spedizione di Sicilia: 1718, assedio della cittadella di Messina; 1719, assedio di Milazzo (1° battaglione) e battaglia di Fran-

---

56   Francisco de Castellví, *Narraciones históricas*, a cura di José María Alsina e di Joseph Mundet i Giffre, II, Madrid, Fundación Francisco Elías de Tejada, 1998, p. 389.

cavilla (2° battaglione), difesa della cittadella di Messina (1° battaglione).

Lombardia
Due battaglioni; anzianità 1537 derivando dal *Tercio Ordinario* di fanteria spagnola nel ducato di Milano; *Regimiento del Príncipe* nel 1776.
Colonnelli: Iñigo de La Cruz Fernández Manrique de Lara, conte di Aguilar (Pat. 7 febbraio 1694); Francisco Pio de Saboya (Pat. 25 aprile 1702); Joseph Enríquez Sotelo (Pat. 10 settembre 1707); Juan José de Andia Urbina, marchese di Villahermosa (Pat. 11 giugno 1711)
Guerra di successione spagnola: 1700, quattro compagnie del *tercio* entrano di rinforzo a Finale, rimanendovi fino a novembre 1702; 1701, difesa dell'Adige e passaggio del fiume Oglio; 1702, assedio di Guastalla, battaglia di Luzzara (15 agosto) e presa del castello; 1703, nel campo di San Benedetto; 1704, assedi e prese di Vercelli (21 giugno) e Ivrea (27 settembre), parte del reggimento fatta prigioniera a Stradella; 1705, assedio e presa di Verrua (10 aprile); 1706, difesa del castello di Milano e dopo la sconfitta di Torino evacua la Lombardia, venendo destinato all'esercito di Castiglia; 1707, assedio e presa di Ciudad-Rodrigo; 1708, in Estremadura (presa di Barbacena e Monforte); 1709, battaglia di La Gudiña e presa del castello di Alconchel, poi entra di guarnigione in Plasencia e forma il secondo battaglione; 1710, recupero di Miranda de Duero, passa a rinforzare l'esercito reale, assalto di Brihuega e battaglia di Villaviciosa (9 e 10 dicembre); 1711, fa parte del distaccamento del marchese di Valdecañas, azioni di Benasque e Prats de Rey; 1712; il 1° battaglione in Ribagorza e il 2° in Alicante; 1713. il 1° battaglione nell'esercito di Catalogna ed il 2° di guarnigione in Denia; 1714, blocco e assedio di Barcellona; 1715, destinato di guarnigione a Porto Longone.
Spedizione di Sicilia: 1719, giunto da Longone e destinato alla guarnigione di Palermo.

Córdoba (già *Bajeles*)
Due battaglioni; anzianità 1650 (Cambia denominazione in *Córdoba* con l'ordinanza del 1718 per evitare confusioni con i nuovi *Batallones de Marina*).
Colonnelli: Antonio Alejandro Barrientos (Pat. 10 marzo 1699); Diego Andrés Pacheco (Pat. 18 maggio 1703); Jerónimo de Solís y Gante (Pat. 29 giugno 1704); Felipe de Solís y Gante (Pat. 20 agosto 1718)
Guerra di successione spagnola: 1704, destinato all'esercito di Galizia; 1705-1706, in Estremadura; 1707, battaglia di Almansa (25 aprile); 1708-1709, Valencia; 1710, scontro di Almenara (27 luglio), battaglie di Saragozza (20 agosto) e Villaviciosa (10 dicembre); 1711, Aragona e Catalogna, distaccamento di Benasque e difesa di Tortosa (25 ottobre); 1712-1714, Catalogna e Valencia.
Spedizione di Sicilia: 1718, presa della cittadella di Messina, assedio e battaglia di Milazzo (1° battaglione); 1719, battaglia di Francavilla (1° battaglione), difesa della cittadella di Messina.
Valencia: Trasportato in Sardegna all'inizio del 1718, passò in Sicilia alla fine di luglio sbarcando a Messina.

Murcia
Due battaglioni; anzianità 1694.
Colonnello: García Huidobro (Pat. 27 agosto 1700); Sebastián de Guzmán y Espínola, marqués de Quintana (Pat. 15 febbraio 1707); Juan Antonio de Guzmán y Espínola (Pat. 7 aprile 1710); Francisco Bustamante (Pat. 10 gennaio 1715); Juan Pacheco Portocarrero. (Pat. 15 dicembre 1717).
Guerra di successione spagnola: 1704, Estremadura; 1707, battaglia di Almansa; 1709-1712, Valencia e Aragona, battaglie di Saragozza e Villaviciosa (1710); 1713-1714, Valencia e Catalogna, blocco e assedio di Barcellona.
Spedizione di Sardegna: 1717, assedio e presa di Cagliari; rimasto di guarnigione nell'isola fino alla sua evacuazione nel 1720.

Saboya

Tav. 20 Reggimento di cavalleria *Borbón*.

Due battaglioni; anzianità 1537 (formato in realtà nel 1635 con parte del *Tercio Ordinario* di fanteria spagnola nel ducato di Milano di cui l'ordinanza del 1741 gli riconobbe l'anzianità.

Colonnelli: Pedro Pimentell Quiñones y Zuñiga Davila y Guzman, poi marchese di Mirabel conte di Brantinilla (fine 1693) Mercurio Antonio Pacheco, Conde de San Esteban de Gormaz (Pat. 6 novembre 1702); Antonio Sentmanat y de Oms, marqués de Sentmanat (Pat. 21 giugno 1707); Marciano Joseph Fernández Pacheco, marqués de Moya (Pat. 3 novembre 1710); Jerónimo Pastor (Pat. 29 ottobre 1720)

Guerra di successione spagnola: 1701, blocco di Mantova; 1702, difesa di Mantova, battaglia di Luzzara; 1703, difesa di Stradella; 1704, passaggio del fiume Sesia ed assedio di Vercelli; 1707, evacuazione della Lombardia, demolizione delle mura di Pego e assedio di Denia; 1708, secondo assedio di Denia, assedio di Alicante; 1709, in Valencia e Catalogna; 1710, combattimento di Almenara, battaglia di Saragozza; 1711, distaccamento di Benasque; 1712-1713, Catalogna e Valencia; 1714, assedio di Barcellona.

Spedizione di Sicilia: 1718, assedi della cittadella di Messina e della piazza di Milazzo; 1719, battaglia di Francavilla, difesa del castello di Mola (Taormina) ad opera di un distaccamento di 200 uomini (2-15 luglio 1719).

Guadalajara

Due battaglioni; anzianità 1657.

Colonnelli: Juan Antonio Pacheco; Nicola Antonio Caracciolo, marchese di Torrecuso (Pat. 1 luglio 1704) (tenente colonnello Gaspar de Antona); Juan Bautista Merano (Pat. 8 febbraio 1720)

Guerra di successione spagnola: 1701-1703, Catalogna; 1704, campagna contro il Portogallo (blocco di Castelo Branco e scontro della sierra di Sarceda, vicino al río Alvito), assedio di Gibilterra; 1705, difesa di Alcántara dove restò prigioniero di guerra; 1707, battaglia di Almansa (25 aprile), riconquista di Requena, presa di Játiva, assedi e prese di Mequinenza, Lérida e Morella; 1708, presa di Mora de Ebro, combattimento d'Miravete, assedio e presa di Tortosa; 1709, campagna di Balaguer; 1710, battaglia di Saragozza, assalto a Brihuega e battaglia di Villaviciosa; 1711, presa del ponte di Algerri e azione di Prats del Rey; 1712-1714, Catalogna (blocco, assedio e presa di Barcellona); 1715, spedizione di Maiorca.

Spedizione di Sicilia: 1718, assedio della cittadella di Messina, assedio e battaglia di Milazzo (15 ottobre); 1719, battaglia di Francavilla e difesa della cittadella di Messina. 1720, difesa delle linee di Palermo.

Burgos

Due battaglioni; anzianità 1694.

Colonnelli: Alonso Mesía de la Cerda (Pat. 23 agosto 1700); Joseph Téllez Girón, conde de Pinto (1703); Antonio del Castillo Ventimilla (Pat. 1 luglio 1704); Isidro Ussel Guimbarda (Pat. 14 aprile 1711); Miguel Agustín Carreño (Pat. 7 ottobre 1726)

Guerra di successione spagnola: 1700, difesa di Ceuta; 1701-1703, Andalusia (azione di Puerto de Santa María); 1704, campagna di Estremadura (presa di Marbao, Castelo de Vide e San Aleixo; 1705, assedio di Gibilterra (attacco alla collina detta *el pastel*; 1706, difesa di Badajoz; 1707, battaglia di Almansa (25 aprile); 1708-1709, in Estremadura, (presa di Barbacena (1708), battaglia di La Gudiña (7 maggio 1709). 1710, in Estremadura, presa per assalto di Miranda de Duero, presa di los Carvajales e la Puebla, combattimento di Almenara, battaglia di Saragozza; assalto de Brihuega e battaglia di Villaviciosa; 1711-1715, in Estremadura, assedio di Campo Mayor (1712).

Spedizione di Sardegna: 1717, assedio e presa di Cagliari. Rimasto sull'isola, passò in Sicilia a fine luglio 1718 sbarcando a Messina.

Spedizione di Sicilia: 1718, assedio della cittadella di Messina; 1719, difesa della cittadella di Messina (1° battaglione), difesa di Sciacca (1° battaglione)[57].

Cantabria

Due battaglioni; anzianità 1703.

Colonnelli: Tomás Idiáquez y Pinarreta (Pat. 6 maggio 1703); Carlos de Areizaga y Corral (Pat. 26 novembre 1705); Luis de Guendica (Pat. 29 ottobre 1720); Simón de Rueda y Corro (Pat. 19 novembre 1723)

---

57   Il 2° battaglione fu mandato a Longone nel marzo 1719: cfr. CONDE DE CLONARD, *Historia Organica de le armas de Infanteria y Caballeria españolas*, X, s.n.t., pp. 374-375.

Guerra di successione spagnola: 1703, formato nelle Province Basche; 1704, Estremadura (assedi e prese di Salvatierra, Segura, Penha Garcia, Idanha-Nova, Monsanto e Castelo Branco, combattimento di las Sarcedas, assedi di Portalegre e Castelo de Vide); 1705, difesa di Badajoz, passa a Valencia e prende sede a Játiva, tornando nell'estate in Estremadura; 1706, sorpresa di Alcántara; 1707, assedio e presa di Ciudad-Rodrigo; 1709, battaglia di La Gudiña; 1710, sorpresa di los Carvajales. 1711, bombardamento di Elvas. 1712, assedio di Campo Mayor. 1713, passa all'esercito di Aragona; 1714, assedio di Barcellona; 1715, sciolto il 28 giugno, servì di base per la formazione del nuovo reggimento di *Cantabria* che si formò su due battaglioni il giorno dopo (29 giugno).
Spedizione di Sicilia: 1718, assedi di Termini (Imerese) e di Milazzo; 1719, battaglia di Francavilla.

Asturias
Due battaglioni; anzianità 1703.
Colonnelli: Álvaro de Navia Osorio, vizconde del Puerto, marqués de Santa Cruz de Marcenado (Pat. 6 luglio 1703); Sebastián de Eslava (Pat. 19 maggio 1718)
Guerra di successione spagnola: 1703, formato nelle Asturie, passò all'esercito di Castilla la Vieja; 1704, prigioniero di guerra in Ciudad Rodrigo, passando in Aragona; 1705-1706, assedio di Magallón, azioni di Mallén e Egea de los Caballeros; 1707, combattimento di Santa Cilia, assedio di Lérida; 1708, assedio di Tortosa e sua successiva difesa la notte dal 3 al 4 de dicembre; 1709, servì in Aragona e Catalogna, in ottobre ebbe ordine di passare a Longone;. 1710, partecipò allo sfortunato tentativo di riconquistare la Sardegna; 1711, di guarnigione in Longone. 1712, passa in Maremma, difesa di Porto Ercole, dove capitolò, passando in Sicilia; 1713, in dicembre sbarcó a Alicante con le truppe che evacuarono il regno di Sicilia. 1714, assedio di Barcellona e assalto delle brecce.
Spedizione di Sicilia: 1718, in febbraio passò in Sardegna e di lí il 28 luglio in Sicilia, destinato all'assedio di Messina e della sua cittadella; 1719, battaglia di Francavilla.

Madrid (già *Osuna*)
Un battaglione; costituito nel 1703 dal duca d'Osuna, denominato *Madrid* nel 1718 e sciolto nel 1721.
Colonnelli: Antonio Figueroa y Silva (1703); Francisco Galeano y Córdoba (1711).
Guerra di successione spagnola: 1704, Ceuta e Andalusia; 1705, assedio di Gibilterra; 1706, Andalusia; 1707, battaglia di Almansa, riconquista del regno di Valencia. 1708, Valencia. 1709, guarnigione dei presidi di Toscana, dove rimase fino al 1714, Tentato recupero della Sardegna (1710).
Spedizione di Sicilia: 1718, passò in Sardegna e di lí alla Sicilia; assedio della cittadella di Messina, poi di guarnigione a Palermo. Trasportato in Sardegna all'inizio del 1718, passò in Sicilia alla fine di luglio sbarcando a Messina.

Valladolid
Un battaglione; costituito nel 1694 e sciolto nel 1734.
Colonnelli: Tomás Vicentelo y Toledo; Manuel de Narváez (Pat. 19 luglio 1706); Pedro Saravia y Guzmán (Pat. 30 agosto 1707); Joseph de Vicaría (Pat. 8 maggio 1712); Francisco Gutiérrez del Mazo (Pat. 17 dicembre 1717).
Guerra di successione spagnola: 1700-1702, difesa di Ceuta; 1703, di guarnigione a Cadice; 1704, Estremadura (presa di Salvatierra, Idanha Nova, Monsanto e Castelho Branco), assedio di Gibilterra; 1705, in Estremadura, difesa di Badajoz; 1706, assedio e bombardamento di Elvas e recupero di Orihuela e Murcia; 1707, battaglia di Almansa e recupero del regno di Valencia; 1708, assedi di Denia, Alcoy e Alicante, in maggio s'imbarca per la Sicilia; 1709-1713, in Sicilia; 1714, assedio di Barcellona.
Spedizione di Sicilia: 1718, assedi di Termini (Imerese) e della cittadella di Messina.

Artillería
Anzianità: 1710.
Colonnello: Marcos de Araciel (1710-1726) (tenente colonnello Sebastián de Matamoros).
Guerra di successione spagnola: il reggimento fu formato nel 1710, anche sulla base di unità preesistenti, con tre battaglioni, uno nell'esercito di Aragona e Catalogna, Valencia, Navarra e Guipúzcoa, il secondo in Estremadura ed il terzo in Andalusia e piazze d'Africa. Il corpo ha partecipato praticamente a tutte le azioni di guerra, assedi e difese di piazze. Il terzo battaglione fu sciolto nel 1717 e ricostituito nel 1718, servendo fino al

1721 quando venne riformato definitivamente.

Spedizioni di Sardegna e di Sicilia: vi prese parte il 1° battaglione al comando di Sebastián de Matamoros.

Reggimenti irlandesi

Irlanda (già Wachop)

Un battaglione; costituito nel 1692 con la riorganizzazione delle truppe che avevano seguito in esilio Giacomo II Stuart e incorporato nel 1698 nell'esercito francese (anno cui l'ordinanza del 1741 fa risalire la sua anzianità); fece le campagne della guerra di successione spagnola come *Bourcke* e nel 1715 passò al servizio spagnolo come *Wachop*: nel 1718 ebbe il nome *Irlanda*.

Colonnelli: Francisco Wachop (1715); Reynaldo Macdonell (Pat. 3 luglio 1718-1732).

Guerra di successione spagnola: al servizio della Francia 1701-1707 in Piemonte e Lombardia, battaglia di Luzzara, combattimento di Santa Vittoria, assedi di Vercelli e Ivrea, combattimento di Cassano e assedio di Torino nel 1706; con l'evacuazione della Lombardia passò in Spagna; 1707-1714, assedio di Lérida (1707), conquista di Tortosa (1708), nel Rossiglione (1712), blocco, assedio e presa di Barcellona (1713-1714), 1715, Ammesso al soldo della Spagna il 18 maggio.

Spedizione di Sardegna: 1717, assedio e presa di Cagliari; rimasto poi sull'isola, il 25 giugno 1719 si imbarcò al Capo di Pula unendosi al corpo di spedizione diretto in Sicilia con cui sbarcò a Palermo.

Spedizione di Sicilia: 1718, presa della cittadella di Messina, assedio e battaglia di Milazzo; 1719, battaglia di Francavilla.

Hibernia (già Castelar)

Un battaglione; costituito nel 1709 come *Regimiento de Castelar*, nel 1718 ebbe il nome *Hibernia*.

Colonnello: Lucas Fernando Patiño, marchese di Castelar (Pat. 3 dicembre 1709).

Guerra di Successione spagnola: 1710, battaglie di Saragozza e Villaviciosa; 1711, formó parte del distaccamento di Benasque; 1712-1713, Catalogna, Ribagorza e Tamarit, blocco di Barcellona; 1714, assedio di Barcellona.

Spedizione di Sicilia: 1718, presa della cittadella di Messina, assedio e battaglia di Milazzo; 1719, battaglia di Francavilla.

Ultonia (già Macaulif)

Un battaglione; costituito nel 1709 come *Regimiento de Macaulif*, nel 1718 ebbe il nome *Ultonia*.

Colonnello: Demetrio McAulif (Pat. 3 dicembre 1709); Tadeo Macaulif (Pat. 8 giugno 1715); Guillermo Lacy (Pat. 29 ottobre 1720)

Guerra di successione spagnola: 1710, battaglia di Saragozza; 1711, distaccamento di Benasque; 1712-1713, Catalogna, blocco di Barcellona; 1714, assedio e presa di Barcellona.

Spedizione di Sicilia: 1718, presa della cittadella di Messina, assedio e battaglia di Milazzo; 1719, battaglia di Francavilla.

REGGIMENTI ITALIANI

Nápoles

Un battaglione; *tercio viejo de infanteria napolitana de la Armada* costituito nel 1572 sulla base di quattro compagnie indipendenti di fanteria napoletana che avevano preso parte alla battaglia di Lepanto e rimasto in servizio a bordo dei legni della squadra spagnola. Nel 1808 era l'unico reggimento di fanteria italiana rimasto nell'esercito spagnolo; col regolamento 2 marzo 1815 convertito in reggimento di fanteria spagnola. Sciolto nel 1818.

Colonnelli: Juan Bautista Visconti (1695); Blas Dragonetti (Pat. 22 maggio 1703); *Nápoles* (1707); Andrés d'Afflitto Tocco (Pat. 24 dicembre 1709); Giuseppe Acquaviva, marchese Tripuzzi (Pat. 22 maggio 1735).

Guerra di successione spagnola: 1701-1703, in Andalusia; 1704, in Estremadura; 1705, difesa di Badajoz; 1707-1712, in Estremadura; 1713, in settembre i suoi due battaglioni passarono in Aragona.

Spedizione di Sicilia: 1718, Campo volante destinato a bloccare Trapani, conservare Palermo ed assediare il castello di Termini (Imerese). Secondo Samaniego nel 1721 ricevette come secondo battaglione il primo del reggimento di *Toscana*; altri autori indicano che vi si integrarono ancora il reggimento di *Valdinoto* (siciliano) ed il primo battaglione di *Mesina*. Nel marzo 1792 ricevette gli effettivi del reggimento di *Flandes*, nel momento del suo scioglimento, e si organizzò su tre battaglioni.

Milán

Un battaglione; costituito nel 1678 per la guerra della rivolta di Messina, e noto, in seguito, come *Tercio viejo de Cataluña de infanteria napolitana*, fuso nel 1706 col reggimento levato nel 1704 a Napoli dal duca di Castel d'Airola per formare il nuovo reggimento del colonnello Francisco d'Eboli, che verso il 1709 assunse il nome di *Milán* (l'ordinanza del 1741 gli assegnò come anzianità il 1704)[58]. Sciolto nel 1792.

Colonnelli: Prospero Suardo, duca di Castel d'Airola (1704); Francesco d'Eboli Caracciolo (Pat. 2 gennaio 1708); Loffredo Caetano (Pat. 20 novembre 1720).[59]

Guerra di successione spagnola: 1704-1705, difesa di Barcellona; 1706 difesa di Rosas, poi nell'esercito del Rossiglione del duca di Noailles, tornando in Spagna nel 1709; 1710, in Aragona; 1711, assedio di Balaguer; 1712, soccorso di Benasque; 1713, di guarnigione nel regno di Valencia. 1715, spedizione di Maiorca. Spedizione di Sicilia: Trasportato in Sardegna nel febbraio 1718, il 25 giugno 1719 si imbarcò al Capo di Pula unendosi al corpo di spedizione diretto in Sicilia con cui sbarcò a Palermo. assedio della cittadella di Messina (vi si distinse la compagnia di granatieri, specialmente la sera del giorno 19 settembre, quando quattro navi inglesi tentarono di battere le trincee spagnole), assedio e battaglia di Milazzo; 1719, battaglia di Francavilla. Nel 1731 ricevette come secondo battaglione il reggimento di *Palermo*. Sarebbe rimasto in servizio fino ad aprile 1792, quando fu disciolto e gli uomini restanti integrati nel reggimento di *Hibernia*.

Basilicata (poi *Córcega*)[60]

Si credeva che questo reggimento fosse stato costituito nel 1658, scoprendosi poi che ciò era dovuto a una falsa attestazione del colonnello Nicola Giovene, basata sulla circostanza casuale che l'ultimo colonnello del reggimento italiano risalente al 1658 era lo stesso Bernardo Caraffa suo predecessore nel comando di *Basilicata*[61]. Formato a Napoli nel marzo 1701 un reggimento di un battaglione, al comando di Ciarletta (*Charletta* nei documenti spagnoli) Caracciolo dei Principi della Torrella, cui successe nel 1705, alla morte del suo primo colonnello, il fratello Fernando (*Ferrante*) Caracciolo. Nel 1707 ebbe il nome *Basilicata*, divenendo *Corcega* con l'ordinanza del 1718. Sciolto nel 1731[62].

Colonnelli: Charletta Caracciolo dei Principi della Torrella (Marzo 1701); Fernando [Ferrante] Caracciolo

---

58   L'ordinanza del 1707 sui nomi fissi dei reggimenti non cita *Milán*, per cui si presume che questo nome sia stato assegnato al reggimento al ritorno dalla Francia nel 1709: cfr. JUAN ANTONIO SAMANIEGO, *Disertación sobre antigüedad de los Regimientos de Infanteria, Caballeria y Dragones de España*, Madrid, s.e., 1738, rist. Madrid, Ministerio de Defensa, 1992, pp. 107-109 e CONDE DE CLONARD, *Historia Organica...*, cit., XI, s.n.t., pp. 320-326.

59   Erano stati maestri di campo del *tercio viejo de Napolitanos* prima che venisse fuso con il reggimento del Duca di Castel d'Airola, D. Marino Carafa (1678-1685), poi D. *Fernando Pignatelli*, dal 16 aprile 1694 D. *Antonio Mugiaschi* nel giugno 1696 D. *Domenico Recco* e nel giugno 1701 D. *Luis Gaetano d'Aragona dei duchi di Laurenzana*

60   Samaniego a proposito del reggimento di *Corcega* così riferisce (pp. 80-81): *Giustificò con copia di fe de oficios de Napoles como don Jeronimo Maria Caracholo, Marquès de Torrecuso, asentò por Maestre de Campo de un Tercio de Infanteria napolitana que se le habia de formar de la gente que se lebantaba en Napoles y su reino en virtud de patente del Virrey de 29 de junio de 1658, cuya formacion se continuò en dicha ciudad hasta el 4 de agosto del mismo año, que con su Compañia y Tercio se embarcò en las galeras de aquella Esquadra para pasar a servir en el Estado de Milan. ... Certificando dicho Coronel don Nicolas de Giovene en 31 de octubre de 1724 en Ceuta que el regimiento de Basilicata, que dicho año se llamaba ya Corcega ... que habia sido su primer Maestre de Campo el mencionado Marquès de Torrecuso don Jeronimo Maria Caracholo, à quien sucediò don Marcio Orilla, y a este don Felipe Auria, siendo el cuarto Maestre de Campo el Duque de Popoli don Restaino Cantelmo, el quinto don Carlos Campos, el sexto don Pablo Maño, el septimo el Duque de Latamena (=Pratoameno), el octavo don Bernardo Garrafa y el noveno el mismo don Nicolas Giovene, que lo tenia en propriedad cuando firmò la certificacion.* In realtà come abbiamo già notato, questi dati non sono corretti mescolando quelli di due unità differenti.

61   Giovene non era spinto da vanità, ma da considerazioni pratiche: negli eserciti di quel tempo l'anzianità di un reggimento regolava la precedenza in molte cose, anche nei servizi di *corvée* (tipo scavare le latrine). Egli inviò la sua certificazione da Ceuta il 31 ottobre 1724 e Samaniego la riporta ma non la esamina perché scriveva per esigenze pratiche e ormai *Basilicata* non esisteva più. Cfr. JUAN ANTONIO SAMANIEGO, *Disertación...*, cit., pp. 80-81 e *Gaceta de Madrid*, 14 dicembre 1717; v. anche CARLO NARDI, *Della famiglia Giovene de' duchi di Girasole. Ragguaglio storico-genealogico*, Lucca, s.e., 1736, pp. 161-206, che tratta in dettaglio la carriera di Giovene.

62   CONDE DE CLONARD, *Historia Organica...*, cit., V, p. 225. Questo reggimento non va confuso con l'omonimo costituito nel 1734 da Bartolomeo Seta Bastelica.

(1705); Félix Álvarez de la Escalera (gennaio 1708)[63]; Bernardo Carafa; Nicolás Giovene (Dicembre 1717[64] - 9 marzo 1718); Bartolomeo Seta Bastelica; Ángel Alberto de Valverde

Guerra di successione spagnola: 1701-1704, Lombardia; 1705, difesa di Barcellona (il brigadiere Ciarletta Caracciolo morto nell'assedio); 1706, difesa di Alicante; 1707, Estremadura; 1708, Estremadura; 1709, Estremadura; 1710, Estremadura; 1711-1714, fu destinato in Estremadura e Castiglia, di guarnigione a Badajoz.

Spedizione di Sardegna: 1717, in settembre arriva nell'isola come rinforzo, restandovi fino alla sua evacuazione nel 1720.

Reggimenti valloni

Borgoña (già Bruselas)

Un battaglione; costituito nel 1701 dal barone de Courrières, nel 1711 ebbe il nome *Bruselas*, poi cambiato in *Borgoña* nel 1718. Trasferito nel 1737 al nuovo esercito del Regno delle due Sicilie (dove riuscì a farsi riconoscere l'anzianità del 1460). Sciolto nel 1799.

Colonnelli: Louis-Théodore-François d' Ongnies van der Linden, barone di Courrières (1701); Barone Carlos Francisco Doetinghem (Pat. 12 gennaio 1712): Leandro Snoucq (Pat. 9 gennaio 1719); François-Joseph Danneux, vizconde de Cambray (Pat. 11 gennaio 1734).

Guerra di Successione spagnola: 1702, di guarnigione nel paese di Waes; 1705, esercito della Mosa; 1706, battaglia di Ramillies, assedio di Ath; 1708, esercito del duca di Borgogna e battaglia di Audenarde, azione di Wynandaele (28 settembre), assedio di Lilla e attacco di Leffinghe (15 ottobre); 1709, a Namur e Philippeville; 1710, passato in Spagna in maggio e destinato in Aragona, combattimento di Almenara e battaglia di Saragozza; 1711-1712. nell'esercito di Aragona e Catalogna: 1713, di guarnigione in Huesca.

Spedizione di Sicilia: 1718, assedio della cittadella di Messina, assedio e battaglia di Milazzo; 1719, battaglia di Francavilla.

Nel 1732 aveva partecipato alla campagna per la riconquista di Orano da parte della Spagna. Nel 1734 giunse a Napoli e l'anno 1737, al comando del visconte di Cambray, passò al servizio del regno delle Due Sicilie [italianizzando il nome in *Borgogna*]. Nella conquista del Regno nel 1734-1735 era stato all'assedio di Gaeta, battaglia di Bitonto, blocco di Capua e di Messina, assedio di Siracusa e blocco di Trapani.

Hainaut

Un battaglione; Un *tercio* costituito verso il 1643/1652 dal conte di Buquoy nell'esercito delle Fiandre, divenne nel 1702 il reggimento del conte di Grobendonq, cui successero nel 1704 il barone di Laerne e nel 1708 Pedro Celestino Cano de Boulines. Denominato *Hainaut* nel 1711 e trasferito nel 1737 al nuovo esercito del Regno delle due Sicilie. Sciolto nel 1788.

Colonnelli: Charles Augustin Schetz, Conte di Grobendonq (1689); Charles Vilsteren, barón de Laerne (1704); Pedro Celestino Cano de Boulines (Pat. 21 ottobre 1708); François-Albert-Charles, conte de Bournonville (Pat. 1º aprile 1715); Domingo Antonio Falcón (Pat. 12 settembre 1719); Pedro Storff (Pat. 23 marzo 1723).

Guerra di successione spagnola: 1702, esercito del marchese di Bedmar in Fiandra; 1703, nel paese di Waes; 1704, esercito del marchese di Alegre; 1707, esercito del maresciallo Villars, tentativo di forzare le linee di Stollhofen (22 maggio); 1708, battaglia di Audenarde, azione di Wynandaele (28 settembre), assedi di Huy e Gand; 1710, passato in Spagna, battaglia di Villaviciosa; 1711, servì in Aragona e Catalogna, formando parte della brigata vallona; 1712, nell'esercito di Aragona formando parte della brigata di Eboli. 1713, di guarnigione in Lérida.

Spedizione di Sardegna: 1717, assedio e presa di Cagliari.

Spedizione di Sicilia: 1718, rimasto in Sardegna passò in Sicilia a fine luglio svarcando a Messina; assedio della cittadella di Messina; 1719, battaglia di Francavilla.

---

63   Gaceta de Madrid
64   Gaceta de Madrid

Nel 1732 aveva partecipato alla campagna per la riconquista di Orano da parte della Spagna. Nel corso della conquista del Regno di Napoli nel 1734-1735 partecipò all'assedio e presa di Gaeta, alla battaglia di Bitonto e al blocco di Trapani. Nell'ottobre 1735 faceva parte dell'esercito di spedizione spagnolo in Lombardia. Nel 1737 venne inviato di guarnigione a Longone, nei Presidi di Toscana. Nello stesso anno 1737 passò al servizio del regno delle Due Sicilie.

Utrecht
Un battaglione; costituito nel 1701 dal colonnello Vandergracht sulla base delle cinque «compagnie di Carlo V» risalenti al XVI secolo, divenuto poi *Tilly*. Denominato *Charleroy* nel 1711 e poi *Utrecht* nel 1718. Sciolto nel 1728.
Colonnelli: Guillaume-Grégoire van der Gracht, señor de Swyveghem (Pat. 27 settembre 1701); Claude T'Serclaes, conde de Tilly (Pat. 27 luglio 1705); Nicolás Brodot (Pat. 8 marzo 1710); Alexandre-Jean-François de Croy, conte di Beaufort (Pat. 25 gennaio 1724).
Guerra di successione spagnola: 1702, esercito del marchese di Bedmar; 1703, di guarnigione in Lussemburgo; 1704, esercito di Ximenez; 1705, difesa della piazza di Leau; 1708, esercito del duca di Borgogna e battaglia di Audenarde; 1710, passato in Spagna in maggio e destinato in Aragona; 1712, esercito dell'Ampurdán, il secondo battaglione si distinse nella difesa della Puerta del Mar della piazza di Rosas (12 settembre); 1713, nell'Ampurdán.
Spedizione di Sicilia: 1718, assedio di Termini (Imerese), assedio e battaglia di Milazzo; 1719, battaglia di Francavilla.

CAVALLERIA

Borbón (già *Rosellón Viejo*)
Costituito nel 1640 come *Trozo del Rosellón*, noto dal 1703 noto come *Rosellón viejo* per distinguerlo dal reggimento omonimo formato in quell'anno; nel 1718 ebbe il nome *Borbón*.
Colonnelli: Nicolas de la Rochela y Agremont (Pat. 10 maggio 1697); Luis Fernandez de Cordoba (Pat. 23 marzo 1704) Diego de Villaplana (10/11/1711); Joseph Manrique de Arana y Aranguren, marchese di Villalegre. (Pat. 17 agosto 1715) Ludovico Joppolo e Spadafora, duca di San Blasi (1721).
Guerra di successione spagnola: 1702, difesa di Cadice e Puerto de Santa María contro gli inglesi; 1704, campagna contro il Portogallo; 1705, Estremadura e Castiglia; 1706, scontro di Las Brozas. 1707, battaglia di Almansa, assedio di Lérida; 1708, assedio di Tortosa; 1709, in Catalogna; 1710, combattimenti di Almenara (27 luglio) e Peñalba, battaglia di Saragozza (20 agosto); 1711, nell'esercito di Aragona del marchese di Valdecañas; 1712, impiegato in Aragona. 1713-1714, blocco e assedio di Barcellona; 1715, spedizione di Maiorca.
Spedizione di Sardegna: 1717, in settembre arriva nell'isola come rinforzo.
Spedizione di Sicilia: rimasto in Sardegna passò in Sicilia a fine luglio 1718; sbarcato a Palermo, vi rimase di guarnigione; dopo la battaglia di Francavilla, si unisce all'esercito del marchese di Lede.

Farnesio (già *Atry*)
Costituito nel 1649 nei Paesi Bassi Spagnoli come *trozo* di cavalleria vallona sotto il comando di *Federico Principe di Hesse-Homburg*, e fece sempre parte dell'esercito dei Paesi Bassi spagnoli. Nel 1718 ebbe il nome *Farnesio*.
Colonnelli: Ignace, Baron de Fourneau (25/8/1693) Adrien François de Brabant, Comte de Glymes (29/3/1703) Lorenzo del Corral (19/11/1706) Domenico di Acquaviva e Aragon, XVII duca di Atri (1716).
Guerra di successione spagnola: 1702-1709, in Fiandra e nell'esercito d'Alsazia (combattimento di Wijnendale, 28 settembre 1708); 1710, in maggio fu inviato in Spagna e destinato alle frontiere di Castiglia; 1711, servì in Estremadura; 1712, passò nell'estate in Catalogna; 1713-1714, blocco e assedio di Barcellona.
Spedizione di Sicilia: 1718, Presa di Messina; battaglia di Milazzo; 1719, battaglia di Francavilla.

Brabante
Costituito nel 1695 come *Trozo de Brabante* con parte dei reparti di cavalleria vallona inviati in Catalogna dalle Fiandre (insieme al successivo reggimento di *Flandes*). Sciolto nel 1763.
Colonnelli: Diego de Cárdenas (1698); Iñigo de la Cruz Manrique de Lara Ramírez de Arellano, conde de

Aguilar (Pat. 8 febbraio 1702)[65]; Diego de Cárdenas (Pat. 7 aprile 1705) seconda volta.; Jacques de la Rossière (Pat. 23 maggio 1709); Nicola di San Severino, conte di Altomonte (Pat. 1 luglio 1715).

Guerra di successione spagnola: 1701, passato dalla Catalogna in Lombardia; 1702, battaglia di Luzzara; 1703, attacco di San Sebastiano agli ordini del duca di Vendôme. 1707, evacuò la Lombardia, passando a servire nell'esercito d'Alsazia. 1708, il 27 agosto fu sorpreso nel campo di Berchen subendo gravi perdite; 1710, due suoi squadroni servirono agli ordini del maresciallo Villars; 1713, tornato in Spagna e destinato all'esercito di Catalogna; 1714, assedio di Barcellona.

Spedizione di Sicilia: 1718, in febbraio i suoi tre squadroni passarono in Sardegna e di lí in Sicilia sbarcando a Messina ai primi di agosto; 1719, di guarnigione a Palermo, si unisce in luglio all'esercito del marchese di Lede; 1720, in aprile sorpresa di Sferracavallo ove catturò i sonagli turchi di uno dei reggimenti Stahremberg[66].

Flandes

Costituito, come il precedente *Brabante*, nel 1695 come *Trozo de Flandes* con parte dei reparti di cavalleria inviati in Catalogna dalle Fiandre. Sciolto nel 1763.

Colonnelli: Luis de Saa Rangel (Pat. 4 novembre 1695); Diego Corada y Olivera (1718); Jorge Rodríguez (Pat. 16 gennaio 1720)

Guerra di successione spagnola: 1701, passato dalla Catalogna in Lombardia; 1702, battaglia di Luzzara, assedio di Guastalla e parte del corpo di quattromila cavalli con i quali il duca di Vendôme attaccò gli imperiali che andavano a soccorrere Mantova; 1704, conquista dell'Astigiano e assedio di Vercelli, assedio e presa di Ivrea 1705, battaglia di Cassano e poi parte del distaccamento che pose in rotta il generale imperiale Visconti nel combattimento di San Sebastiano, quando tentava di passare attraverso la Secchia in Piemonte con un corpo di duemila cavalieri; 1706, assedio e battaglia di Torino; 1707, evacuata la Lombardia fu destinato all'esercito d'Alsazia; 1709, battaglia di Malplaquet; 1712, assedi di Douay, Quesnoy e Bouchain; 1713, di nuovo in Alsazia (assedi di Landau e Friburgo in B.), poi in Spagna; 1714, blocco e assedio di Barcellona.

Spedizione di Sicilia: 1718, nel febbraio i suoi tre squadroni passarono in Sardegna e quindi sbarcano a Messina ai primi di agosto; 1719, battaglia di Francavilla.

Milán

Costituito nel 1661 come *Trozo de Milán* coi reparti di cavalleria inviati in Estremadura dalla Lombardia (l'ordinanza del 1741 gli concesse l'anzianità del 1538 della *Caballería del Estado de Milán*); nel 1763 fu denominato *Regimiento del Rey*.

Colonnelli: Pedro Joseph de Aguirre, conde de Ayanz (1698) Fabrizio Ruffo (Pat. 15 novembre 1704) Manuel de Bustillos y Arce. (Pat. 7 settembre 1711); Philippe, caballero de Gomicourt (Pat. 8 marzo 1720).

Guerra di successione spagnola: 1701-1703, Catalogna; 1704, Estremadura (assedio e presa di Salvatierra, attacco di Cebreros, presa di Monsanto, combattimento di Las Sarcedas, presa di Castelo Branco e incendio di Idanha Nova; 1705, Estremadura; 1706, in aprile passa nella Vecchia Castiglia agli ordini del marchese di Jeofreville; 1707, battaglia di Almansa nella brigata comandata dal suo colonnello, assedio di Lérida. 1708, assedio di Tortosa; 1709, Catalogna, nell'azione di Montagnana (1° agosto) cattura sei bandiere; 1710, combattimenti di Almenara e Peñalba, battaglie di Saragozza e Villaviciosa; 1711, in Aragona e Catalogna (Balaguer e Calaf); 1712, Catalogna, 1713, di guarnigione a Tortosa, blocco di Barcellona e successivo assedio.

Spedizione di Sicilia: di guarnigione a Palermo, dopo la battaglia di Francavilla si unisce all'esercito del marchese di Lede.

---

65   Il conte di Aguilar venne nominato colonnello del reggimento in qualità di Generale della Cavalleria straniera dello stato di Milano, ma Diego de Cardenas rimase tenente colonnello del reggimento con il comando effettivo dell'unità. Il 21/1/1704 il conte di Aguilar fu nominato colonnello del reggimento delle Guardias Españolas, con ritenzione dell'impiego precedente. Il 20/11/1704 il duca di San Pietro Spinola ottenne l'impiego, anche se il conte di Aguilar conservò il comando della sua compagnia nel reggimento. A.H.N. Est. Leg. 2426

66   In ricordo del fatto gli stendardi del reggimento recavano in seguito due cerchi simbolizzanti questi sonagli.

Barcelona (già *Dupuy*)

Costituito nel 1670 come *trozo* di cavalleria vallona dell'esercito dei Paesi Bassi spagnoli, denominato poi *Noirmont* (1695), *Cano de Aponte* (1703), *Dupuy* (1715). Nel 1718 ebbe il nome *Barcelona*. Sciolto nel 1763.

Colonnelli: Leonel Gallo de Salamanca, Baron de Noirmont (Pat. 24 dicembre 1695) *Gabriel Cano de Aponte, Sr de Boulines* (Pat. 21 marzo 1703); Felipe Dupuy (Pat. 3 luglio 1715; secondo Samaniego dopo il 1710); 1718 Rodolfo di Acquaviva (Pat. 7 luglio 1718).

Guerra di successione spagnola: 1700-1704, esercito delle Fiandre agli ordini del marchese di Bedmar e di M. Ximenez; 1705, esercito della Mosella e battaglia di Ramillies (23 maggio 1706); 1710, passato in Spagna e destinato in Castiglia; 1712-1713, Aragona; 1714, blocco di Barcellona.

Spedizione di Sicilia: 1718, prese parte all'occupazione di Augusta agli inizi di agosto. 1719, battaglia di Francavilla.

Andalucía (già *Armendáriz*)

Costituito nel 1703 da Juan Antonio Montenegro, cui successe nel 1706 Juan Francisco Armendáriz. Nel 1718 ebbe il nome *Andalucía*. Sciolto nel 1763.

Colonnelli: Juan Antonio de Sanjurjo Montenegro (Pat. 27 aprile 1703); Juan Francisco Armendáriz y Perurena (Pat. 29 giugno 1706); Nicolás Terán (Pat. 23 aprile 1720).

Guerra di successione spagnola: 1704, nell'esercito di Castiglia agli ordini di Alejandro de Bay, azione del guado di Cantarranas; 1705, difesa di Badajoz poi nell'estate passò in Valencia e di lí in Aragona agli ordini del principe T'Serclaes; 1706, assedio di Játiva, e assedi e prese di Orihuela e Elche. 1707, battaglia di Almansa, formando brigata con il reggimento de *la Reina*; recupero del regno di Valencia, assedio e presa di Játiva e blocco di Tortosa; 1708-1709, campagne in Estremadura agli ordini del marchese di Bay, battaglia di La Gudiña; 1710, sorpresa di Miranda de Duero e sfortunata impresa di los Carvajales; 1712, in Estremadura; 1713, in Catalogna, blocco di Barcellona.

Spedizione di Sicilia: 1718, occupazione di Augusta 1719, battaglia di Francavilla.

Salamanca (già *Uribe*)

Costituito nel 1706 da Luís Galindo, cui successe nel 1708 Joseph Ventura de Uribe. Nel 1718 ebbe il nome *Salamanca* che nel 1735 cambiò in *Montesa*.

Colonnelli: Luis Galindo (Pat. 13 ottobre 1705); Joseph Carrillo de Albornoz y Montiel [poi] Conde de Montemar (Pat. 21 agosto 1706); Joseph Ventura de Uribe y Salazar (Pat. 5 gennaio 1708); Eustache de la Viefville, signore di Walton e Stenworde (1718).

Guerra di successione spagnola: 1706, formato in Andalusia; 1707, battaglia di Almansa, recupero di Ribagorza; 1708, azione di Cervera; 1709, in Catalogna; 1710, azioni di Peñalba e Torrente, battaglie di Saragozza e Villaviciosa; 1711, in Catalogna e alla fine dell'anno in Valencia; 1712, in Aragona e Valencia; 1713, blocco di Barcellona; 1714, campo volante di Catalogna (azioni di Castelldefels e Vilanova de Cubels).

Spedizione di Sicilia: 1718, occupazione di Palermo e Castellamare; blocco e battaglia di Milazzo.

DRAGONI

Batavia (già *Boselli*)

Costituito nel 1676 nei Paesi Bassi spagnoli come *tercio* di dragoni valloni, denominato *Valanzart* (1677), *Acquaviva* (1705), *Brouchoven* (1710), *Boselli* (1715). Nel 1718 ebbe il nome *Batavia* che nel 1765 cambiò in *Almansa*.

Colonnelli: Theodoro Valensart (Pat. 21 febbraio 1684) [dal 1701 diviene reggimento]; Josias Guillermo de Aquaviva (Pat. 26 novembre 1705); Juan Francisco de Brochouven (Pat. 6 aprile 1710); Bartolomé de Boselli (Pat. 14 dicembre 1715); Pedro Senet (Pat. 13 febbraio 1720).

Guerra di successione spagnola: 1700-1702, nelle Fiandre agli ordini del marchese di Bedmar; 1706, battaglia di Ramillies; 1708, esercito (francese) di Germania; 1710, passato in Spagna nel maggio e destinato all'esercito di

Aragona (soccorso del castello di Aínsa, battaglia di Saragozza; 1711-1712, esercito di Aragona e Catalogna; 1713, blocco di Barcellona; 1714, campo volante di Catalogna.
Spedizione di Sicilia: 1718, assedio e battaglia di Milazzo; 1719, battaglia di Francavilla.

Frisia (già *Bandoma*)

Costituito nel 1689 nei Paesi Bassi spagnoli come *tercio* di dragoni valloni, denominato Ferrare (1701), Pignatelli (1706), Châteaufort (1710). Nel 1713 divenne *Bandoma* in memoria del duca di Vendôme morto nel 1712. Nel 1718 ebbe il nome *Frisia* che nel 1765 cambiò in quello di *Villaviciosa*.
Colonnelli: Claude Richardot, P.pe di Steenhuyse; Nicolas Ferrare (Pat. 13 aprile 1701) (dal 1701 il tercio diviene reggimento); Antonio Pignatelli (Pat. 1 novembre 1706); Pedro Boyseau, marqués de Châteaufort (Pat. 7 novembre 1711) Conte Alberico Tornieli (Pat. 25 ottobre 1720).
Guerra di successione spagnola: 1701, nel paese di Waes. 1702, nell'esercito di campagna; 1703, battaglia di Eckeren; 1704, nell'esercito di M. de Ximenez. 1705, nell'esercito della Mosella e poi in quello del maresciallo Villars; 1706, battaglia di Ramillies; 1707, parte della riserva di dragoni; 1708, esercito di Germania agli ordini di M. de Saint-Fremont, attacchi contro Leffinghe; 1709, agli ordini del maresciallo Villars; 1710, passò in Spagna, destinato all'esercito di Aragona, soccorso del castello di Aínsa; 1711, in Aragona e Valencia; 1712, tornò in Aragona in autunno; 1713-1714, blocco e assedio di Barcellona.
Spedizione di Sicilia: 1719, battaglia di Francavilla.

Tarragona (già *Grimau*)

Costituito nel 1703 dal colonnello Miguel Pons de Mendoza, cui successe nel 1711 Joseph Grimau. Denominato *Tarragona* nel 1718 e trasferito al nuovo esercito del Regno delle due Sicilie nel 1737. Sciolto nel 1799.
Colonnelli: Miguel Pons de Mendoza (Pat. 2 giugno 1703); Francisco Picalques (Pat. 19 dicembre 1706); Joseph Grimau y Corbera (Pat. 7 aprile 1711).
Guerra di successione spagnola: 1703, formato in Catalogna. 1704, in Estremadura (blocco di Arronches, presa di Marvao e Arronches, assedio di Castel de Vide); 1705, assedio di Gibilterra, in agosto passa in Valencia e da qui in Aragona; 1706, azione di Morella; scontro di Calamocha; 1707, in Aragona; 1708, assedio di Tortosa; 1709-1710, in Valencia e Aragona, battaglia di Saragozza; 1711, parte del distaccamento del marchese di Villalegre formato per combattere gli insorti aragonesi; 1712, in Valencia e Aragona; 1713, blocco di Barcellona.
Spedizione di Sicilia: 1718, presa di Termini (Imerese) e blocco di Trapani.
Nel 1733 passò in Italia con il corpo di spedizione spagnolo. Nell'ottobre 1735 faceva ancora parte dell'esercito di spedizione in Lombardia. Al termine delle operazioni venne inviato di guarnigione nel nuovo Regno delle Due Sicilie; nel 1737 fu uno dei due corpi montati spagnoli (insieme al reggimento di *Rossiglione nuovo*) che vennero trasferiti all'esercito del regno di Napoli, conservando però il diritto a ricevere le reclute dalla Spagna sino alla fine del XVIII secolo.

Edimburgo (già *Mahoni*)

Costituito nel 1703 come reggimento smontato di dragoni irlandesi dal conte O'Mahony. Nel 1718 ebbe il nome *Edimburgo*. Sciolto nel 1765.
Colonnelli. Daniel, Conde de Mahony (Pat. 26 gennaio 1704); 1714 Conte Demetrio O'Mahony (Pat. 30 giugno 1714)[67].
Guerra di successione spagnola: 1703, si formó in Madrid; 1704, campagna di Portogallo (combattimento di Las Sarcedas, 27 maggio); 1705, assedio di Gibilterra; passa in Valencia in agosto, assedio di Denia (8 settembre); 1706, attacco a Villareal (12 gennaio) e difesa di Sagunto, poi in Aragona, operazioni su Mallen e Magallón;

67   Figlio del precedente colonnello che ered'tò il reggimento alla sua morte. Il 30 marzo 1706 ricevette il grado di colonnello dei dragoni. Ricevette il comando del reggimento per patente del 30 giugno 1714. Il 26 novembre 1732 ascese al grado di Brigadiere.

presa per assalto di Elche (21 ottobre); 1707, battaglia di Almansa, assedi di Denia, Játiva (8 maggio-6 giugno), Alcira (2 giugno) e castello di Santa Pola; 1708, assedio e presa di Alcoy (1-9 gennaio). Nel febbraio passò in Sicilia, tumulti di Palermo; 1713, in dicembre sbarcó ad Alicante; 1714, nel febbraio passò al campo di Barcellona. Spedizione di Sicilia (forse smontato): 1719, battaglia di Francavilla.

Numancia (già *Osuna*)

Costituito nel 1707 a sue spese da Francisco Maria de Paula Téllez-Giron y Benavides, duca d'Osuna, conservando queste nome fino al 1718 quando fu denominato *Numancia*.

Colonnelli: Diego González. (Pat. 8 aprile 1707); Joseph Vallejo de la Canal. (Pat. 19 luglio 1715); Ramón Alemani Descallar (1721).

Guerra di successione spagnola: 1707, formato in Andalucía; 1709, battaglia di La Gudiña; 1710, in Aragona, combattimento di Almenara (27 luglio) e battaglia di Saragozza (20 agosto) nella quale prese uno stendardo, assalto di Brihuega (solo i granatieri), battaglia di Villaviciosa; 1711, in Aragona e Catalogna formando parte del corpo di truppe del marchese di Valdecañas; 1712, destinato all'esercito di manovra di Aragona; 1713, in Catalogna, azione di Torredembarra (16 luglio), blocco di Barcellona.

Spedizione di Sicilia: Trasportato in Sardegna all'inizio del 1718, passò in Sicilia alla fine di luglio sbarcando a Palermo. 1718 blocco di Siracusa.

Lusitania (già *Pezuela*)

Propostane la costituzione nel 1709 dal conte di Pezuela de las Torres (detto anche *Regimiento de la muerte* come usava per tutti i reggimenti con uniforme gialla e mostre nere). Denominato *Lusitania* nel 1718.

Colonnello: Jaime Miguel de Guzmán-Dávalos y Spínola, Conte de Pezuela de las Torres (Pat. del 2 settembre 1710)

Guerra di successione spagnola: 1710, cominciò a formarsi tra gennaio e febbraio in Andalusia, essendo già costituito nel mese di giugno, e passato alla fine dell'estate in Estremadura; 1711, in Estremadura; 1712, in ottobre prende parte smontato all'assalto di Campomayor; 1713, in Estremadura. 1714, campo volante di Catalogna e assalto della breccia di Barcellona.

Spedizione di Sardegna: 1717, il colonnello conte di Pezuela comandò il distaccamento di 300 dragoni che prese parte alla spedizione. Il reggimento fu rasportato in Sardegna all'inizio del 1718, passò in Sicilia alla fine di luglio e sbarcò a Messina.

Spedizione di Sicilia: 1718, blocco e battaglia di Milazzo (travolto in un primo momento, riprendendosi riuscì a conquistare al nemico due bandiere); 1719, battaglia di Francavilla.

APPENDICE III[68]

68   A cura di Paolo Giacomone Piana.

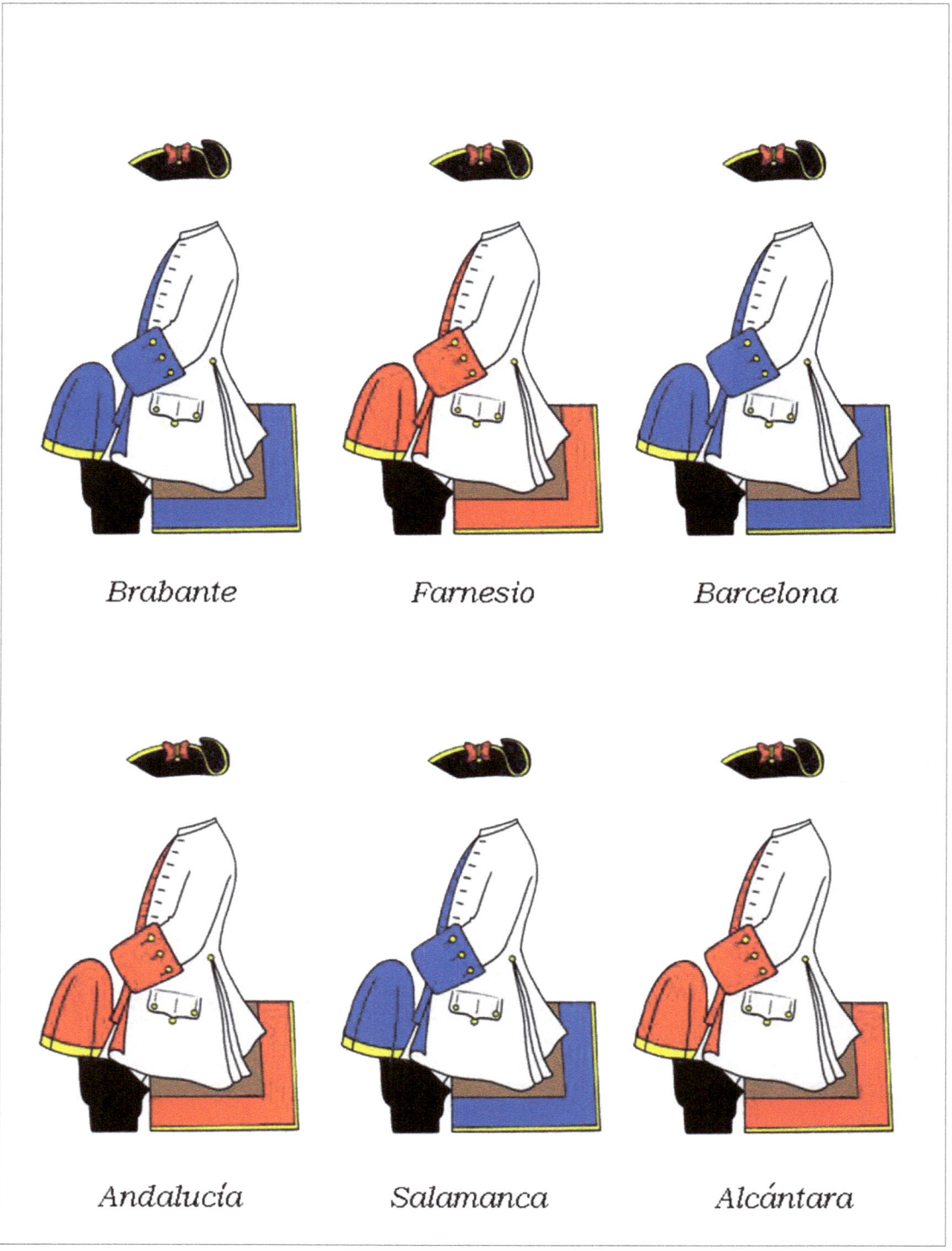

Tav. 21 Uniformi di alcuni reggimenti di Cavalleria (*Brabante, Farnesio, Barcelona, Andalucía, Salamanca, Alcántara*)

REGGIMENTI DI NUOVA FORMAZIONE COSTITUITI IN ITALIA NEL 1717-1718.

I reggimenti sono posti secondo l'ordine di precedenza seguito nell'opera di Portugués, poiché l'anzianità attribuita a molti di questi reggimenti rimane sconosciuta: le date indicate dal conte di Clonard non sono sempre affidabili[69]. Salvo specifica indicazione contraria tutti i tutti i reggimenti erano «italiani» e formati da un solo battaglione; sono omessi i secondi battaglioni formati in Italia durante la guerra da alcuni reggimenti[70].

FANTERIA

Cerdeña

Questo reggimento fu formato nel 1717 da Giuseppe Masones de Lima de Sotomayor, secondogenito del conte di Montalvo, un nobile sardo sostenitore della causa di Filippo V: il figlio deve aver intrapreso la carriera militare poiché il 24 novembre 1715 gli era stato conferito il grado di colonnello[71]. Il testo originale della capitolazione è conservato a Simancas. *Cerdeña* rimase di presidio sull'isola fino all'estate del 1718, quando venne trasportato prima a Maiorca e poi a Barcellona, da dove nel febbraio 1720 si incamminò per Tortosa. Il reggimento fu sciolto a seguito della riforma decretata il 15 novembre 1721[72].
Fonti e bibl.: ASGe, Archivio Segreto: f. 2668; id., Sala Foglietta: f. 176; *Avisi italiani*, 16 febbraio 1718 (n. 27) e 4 ottobre 1719 (n. 173); Andújar Castillo, *El sonido del dinero*, pp. 95, 446; Clonard, V, p. 323; id., VIII, p. 86; Madao, I, p. 100; Portugués, II, p. 351; Samaniego, pp. 79, 92; Tola, II, p. 239.

Liguria

Derivava dal reggimento offerto nel 1716 dal duca di Massa e principe di Carrara, Alderamo Cybo–Malaspina, alla Repubblica di Venezia aggredita dagli ottomani; la capitolazione, stipulata il 10 dicembre 1716, prevedeva che il reggimento si costituisse "sul piede Veneto", cioè su 10 compagnie di 100 uomini l'una, compresi gli ufficiali. L'arruolamento fu affidato al "Capo Leva" colonnello conte Carlo Antonio Palla (ufficiale al servizio di Venezia) e il comando al colonnello conte Orazio Landini (un suddito ducale che si trovava in Levante già da agosto, alla testa di una compagnia sciolta di fanteria "alemanna", aggregata al reggimento del conte Fugger). Conclusa la pace di Passarowitz, il reggimento venne sciolto a Corfù il 23 settembre 1718 e i suoi 624 veterani si imbarcarono per Venezia alla metà dello stesso mese. Trovando poco conveniente un'offerta di passare al servizio imperiale, Landini si rivolse al cardinale Acquaviva, ambasciatore spagnolo a Roma, grazie alla cui mediazione poté stipulare nel febbraio 1719 una capitolazione il cui testo è stato rinvenuto a Simancas. I due battaglioni del nuovo reggimento furono rapidamente costituiti a Porto Longone sulla base del nucleo costituito da ufficiali e soldati reduci dal Levante, completati da altri congedati del servizio veneto e disertori arruolati a Livorno e Genova. Essendo composto da gente veterana *Liguria* fu destinato a essere impiegato in Sicilia: il reggimento fece senza inconvenienti la traversata dall'isola d'Elba a Palermo (dell'arrivo dei due battaglioni ne danno notizia le lettere del console genovese in data 11 aprile e 10 giugno 1719), poi marciò per

---

69   Portugués, III, pp. 356-357: questo autore menziona solo i reggimenti costituiti dal 1718 in poi, per cui la sua lista non comprende quelli di *Cerdeña* (formato nel 1717) e *Malta* (sciolto ancora incompleto); per completezza è riportato anche il reggimento *Italia* formato in Spagna, mentre si omette quello di *Córcega*, considerato la continuazione del preesistente reggimento di *Basilicata* (v. appendice 2).
70   Per ragioni di spazio i titoli delle opere citate sono riportati in forma abbreviata (per i dati completi si rinvia alla bibliografia) e sono omessi i riferimenti al testo di questo volume.
71   Giuseppe Masones conte di Montalvo era andato in esilio volontario dal 1708, quando l'isola cadde in potere dell'arciduca Carlo, prendendo poi parte al fallito tentativo di riconquista del 1710: Pasquale Tola nel suo *Dizionario biografico* scrive erroneamente che egli ebbe solo due figli e nega esplicitamente l'esistenza di Giuseppe, che confonde con l'omonimo padre.
72   Rimasto in servizio dopo lo scioglimento del suo reggimento, José de Lima Masones y Sotomayor (come lo chiamano sempre le fonti spagnole) comandò da ultimo quello di *Galicia* divenendo brigadiere il 14 agosto 1735; promosso maresciallo di campo il 14 dicembre 1739 e nominato *Comandante general de Canarias*.

raggiungere il marchese di Lede, nel cui accampamento entrò il 7 luglio 1719.

In Sicilia *Liguria* non ebbe occasione di distinguersi in maniera particolare; Landini invece comandò le tredici compagnie di granatieri inserite nel distaccamento del conte di Pezuela che, coadiuvato dalle milizie siciliane di Novara (oggi Novara di Sicilia), il 15 luglio sbaragliò la colonna del ten. col. Tiedemann forte di 600-700 fanti e un centinaio di ussari. Evacuata la Sicilia il reggimento sbarcò a Barcellona il 2 luglio 1719 e venne poi sciolto in conseguenza della riforma decretata il 15 novembre 1721[73].

Fonti e bibl.: Dati tratti dall'Archivio di Stato di Venezia e cortesemente forniti da Giancarlo Boeri; ASGe, Archivio Segreto: f. 2648; *Avisi italiani*, 22 febbraio 1719 (n. 33); *Gaceta de Madrid*, 16 luglio 1720; ANDÚJAR CASTILLO, *El sonido del dinero*, pp. 100, 103-104, 446; CLONARD, V, p. 221; GERBA, p. 135; GIARDINA, p. 220; PORTUGUÉS, II, p. 356; SAMANIEGO, p. 101; SAN FELIPE, II, pp. 226-227.

Toscana

La vicenda di questo reggimento può considerarsi emblematica dei tentativi, allora comuni, di alcuni borghesi arricchiti di dare la scalata ai gradi militari per conseguire attraverso di essi un avanzamento sociale. Come ha scritto Andújar Castillo «Il genovese Giovanni Michele Roncalli ... intraprese l'impresa di formare questo reggimento grazie al denaro della sua famiglia. Sua madre, Geronima Roncalli, non solo si incaricò di seguire presso la Segreteria di Guerra tutte le vicissitudini della capitolazione, ma finanziò anche la leva di un secondo battaglione per il reggimento durante l'anno 1719. La corrispondenza con la *Secretaría del Despacho de Guerra* mostra che fu Geronima Roncalli a occuparsi della formazione del reggimento di suo figlio, del tutto privo di esperienza in materia militare. Comprò la carica di colonnello per il suo unico figlio preoccupandosi di assumere un tenente colonnello, Alejandro Guichot de la Roche, che si facesse carico del reclutamento del nuovo reggimento. L'intervento di Geronima Roncalli fu tale che venne arrestata a Genova nell'agosto 1719 come complice degli ufficiali che si occupavano del reclutamento di quella unità.» La copiosa documentazione in proposito esistente nell'Archivio di Stato di Genova integra i dati raccolti da Andújar Castillo, mostrando che il reggimento *Toscana* reclutava per lo più corsi, allora sudditi della Repubblica, malgrado ciò potesse mettere a repentaglio la neutralità genovese; la spudoratezza dei Roncalli giunse al punto di assumere il *sargente maggiore* Salvadori, un ufficiale corso disertore. Alla fine madre e figlio furono arrestati, ma presto Manuele Roncalli poté raggiungere il suo reggimento in Sardegna[74].

La capitolazione fu stipulata intorno al 23 maggio 1718, ma il testo non è stato rinvenuto; una lettera dell'agente genovese a Madrid datata 30 maggio ne riassume il contenuto: «Stante l'obbligazione fatta da Michele Roncalli di levare un Regimento d'Infanteria a sue spese (eccetto armi, e vestiario) che doverà intitolarsi di Toscana per portarlo nel termine di 8 mesi in Sardegna, se le sono concedute le Patenti in Bianco di tutti gli Uffiziali, e la carica di colonnello dello stesso col Ius sanguinis, et altre prerogative di distinzione, che solo godono 4 Regimenti della Corona, e partì Venerdì scorso a cotesta volta per porre in esecuzione il suo trattato.» Le reclute per il 1° battaglione furono concentrate a Livorno e poi trasportate a Cagliari, mentre nel settembre 1718 Roncalli, di nuovo a Madrid, propose di costituirne un secondo. che sembra si sia formato a Sassari con corsi ivi affluiti dall'isola. Alberoni non mancava di dar notizia dei progressi di Roncalli al conte Rocca, scrivendogli il 21 novembre 1718: «Il Re è contentissimo del signor Roncalli, e si è veduto che non ha risparmiato né danaro né applicazione per formare un Reggimento di mille e trecento huomini, tutta bella gente ...». Però

---

73   Landini rimase in servizio ma non fece molta carriera ottenendo solo nel 1727 la nomina a brigadiere.
74   La famiglia Roncalli è sconosciuta: forse si tratta di una delle tante famiglie arricchitesi approfittando delle possibilità offerte dall'inserimento di Genova nell'ambito spagnolo. Certamente non era ascritta al patriziato genovese ma doveva avere relazioni di alto livello se il 21 febbraio 1718 il cardinale Alberoni scriveva al conte Rocca, ministro delle finanze del duca di Parma «Col foglio di V. S. Illma 10 decorso ricevo la nuova esibizione che fa il signor Gio. Michele Roncalli della leva di un Reggimento. Anche il signor Card. Acquaviva me ne mandò una consimile, ed in risposta non ho che di replicare quanto scrissi a S. Em., cioè che S. M. non vuole per ora aumentare i corpi delle sue truppe.» Venuto poi a Madrid di persona, Roncalli conseguì il suo intento grazie all'appoggio del conte Rocca, cui Alberoni scriveva qualche giorno dopo: «Creda, signor conte, che è stato uno sforzo d'onnipotenza che abbia indotto il Re ad accordare al signor Roncalli il potere di fare il consaputo Reggimento.».

nell'aprile 1719 *Toscana* non era ancora completo e Roncalli dovette portarsi a Livorno per sollecitarvi nuove reclute. Il reggimento di *Toscana* rimase sempre di presidio in Sardegna; sbarcato a Barcellona nel luglio 1720, fu sciolto a seguito della riforma decretata il 15 novembre 1721, incorporandosi il 1° battaglione in *Nápoles* e il 2° in *Córcega*[75].

Fonti e bibl.: AGS, Guerra Moderna: suppl. leg. 235; ASGe, Archivio Segreto: ff. 1689 (fasc. *Arresto del Colonnello Roncallo*), 2469, 2668, 2684, 2940; *Avisi italiani*, 4 gennaio 1719 (n. 1), 22 febbraio 1719 (n. 33), 5 aprile 1719 (n. 57) e 10 maggio 1719 (n. 78); *Gaceta de Madrid*, 16 luglio 1720; ALBERONI, pp. 570-571, 579. 581, 597, 600-601, 603, 605, 611, 615, 625, 639; ANDÚJAR CASTILLO, *El sonido del dinero*, pp. 100-101,103, 446: CLONARD, V, pp. 220, 222 e VIII, p. 152; PORTUGUÉS II, p. 356; SAMANIEGO, p. 125.

Italia

Questo reggimento «italiano» fu formato in Navarra e la capitolazione non è stata rinvenuta, per cui si ignora la sua reale composizione.

Il 21 novembre 1718 il cardinale Alberoni scriveva al conte Rocca che Antonio de Araciel, figlio del maresciallo di campo Marcos Araciel comandante dell'artiglieria «leva un Reggimento intiero a sue spese»; questo passò la sua prima rivista a Pamplona il 13 dicembre 1718. Secondo Samaniego il tenente colonnello era il barone Teodoro di Neuhoff, l'effimero "re" di Corsica nel 1736. Inizialmente il reggimento aveva un solo battaglione, ma il 15 novembre 1719 fu deciso di formarne un secondo.

Bibl.: ALBERONI, p. 615; ANDÚJAR CASTILLO, *El sonido*, pp. 77, 446; CLONARD, V, p. 221; PORTUGUÉS, II, p. 356;SAMANIEGO, p. 99.

La Commerie (o Comerie)

Secondo il conte di Clonard questo reggimento traeva origine da uno di quelli che avevano preso parte alla guerra di Morea al servizio di Venezia ed erano stati licenziati dopo la pace di Passarowitz: il suo comandante Marco Antonio de la Commerie propose allora al governo spagnolo di porre il corpo al suo servizio, stipulando il 17 ottobre 1718 una capitolazione che rimase senza effetto per motivi imprecisati. L'11 dicembre 1718 ne venne allora conclusa un'altra, nella quale La Commerie si impegnava a portare il reggimento al servizio spagnolo oppure a formarne uno nuovo di due battaglioni[76].

Scrive Clonard che questi due battaglioni furono costituiti sulla base del reggimento: il primo a Cagliari l'11 marzo 1719 completandosi alla fine di giugno e il secondo il 1° agosto, restando incompleto fino al termine della guerra. Non bastando i soldati provenienti dal servizio veneto se ne arruolarono altri: nel marzo 1719 risulta la presenza a Genova di un ufficiale di quel reggimento, per reclutare i disertori rifugiatisi in territorio genovese.

Il reggimento *La Comerie* rimase sempre in Sardegna, da dove passò in Spagna nell'estate 1720. La capitolazione conteneva la clausola che il reggimento non poteva essere sciolto prima che fossero trascorsi otto anni (caso unico fra i reggimenti di nuova formazione) per cui *La Comerie* continuò a prestare servizio, anche se fu

---

75   Gio. Michele Roncalli, nominato colonnello a 24 anni, mantenne lo stesso grado fino alla morte nel 1754 e fu impiegato sempre nel servizio delle piazze: in ultimo era governatore dell'importanze fortezza di Mazalquivir (Mers-el-Kebir nei pressi di Orano, allora possedimento spagnolo).

76   CLONARD, X, p. 37: non è stato possibile identificare quale fosse il reggimento a cui egli fa riferimento, di cui forse La Commerie non era il comandante, ma soltanto un ufficiale (è stato trovato un documento in data 17 ottobre 1718 in cui La Commerie viene nominato colonnello e ottiene le patenti in bianco da distribuire agli ufficiali).

ridotto a un solo battaglione[77]. Trascorsi otto anni la capitolazione fu rinnovata il 7 novembre 1727[78]; nel 1733, essendo morto La Comerie, il reggimento assunse il nome fisso di *Brabante*. Fu infine sciolto per ordine reale del 28 novembre 1795.

Fonti e bibl.: AGS, Guerra Moderna: leg. 5470, suppl. leg. 235; ASGe, Archivio Segreto: f. 2668; *Gaceta de Madrid*, 16 luglio 1720; ALBERONI, pp. 588, 592; ANDÚJAR CASTILLO, *El sonido del dinero*, pp. 99-101, 446; CLONARD, V, p. 224; id., X, pp. 36.37; PORTUGUÉS, II, p. 356; SAMANIEGO, p. 77.

Helvecia

Il nome può far pensare che si trattasse di qualche corpo svizzero, invece era un reggimento di fanteria italiana costituito da tal Gian Francesco Richeri (o Richieri), altrimenti ignoto. Nella primavera 1718 il conte Rocca, ministro delle finanze del duca di Parma, sollecitò presso il cardinale Alberoni l'accettazione dell'offerta di Richeri: inizialmente respinta, la proposta fu poi accettata e la relativa capitolazione stipulata il 27 novembre 1718.

Il testo non è stato rinvenuto, ma si può presumere che prevedesse di reclutare un battaglione arruolando i disertori rifugiatisi in territorio genovese: il nome *Helvecia* fu forse scelto con riferimento alla natura mista del corpo, composto da uomini di tutte le nazionalità. Per formare il suo reggimento Richeri si portò a Genova, dove dovette far fronte alla concorrenza di molti altri reclutatori (spagnoli ma anche austriaci, francesi, inglesi e sabaudi), la cui frenetica attività aveva provocato un forte rialzo dei premi d'ingaggio offerti agli arruolandi: Richeri si rivolse allora ai sudditi della Repubblica, provocando l'intervento del governo genovese che lo espulse[79]. Non si hanno notizie sulle successive vicende del reggimento *Helvecia* che nel febbraio 1721 si trovava in Catalogna[80]. Fu poi sciolto a seguito della riforma decretata il 15 novembre 1721 e incorporato nel reggimento *Nápoles*.

Fonti e bibl.: ASGe, Archivio Segreto: f. 2469; id., Sala Foglietta: f. 176; ALBERONI, pp. 600, 615; ANDÚJAR CASTILLO, pp. 100, 446; BRAGADO ECHEVARRÍA, p. 112 n. 251; CLONARD, V, pp. 221-222; PORTUGUÉS, II, p. 356; SAMANIEGO, p- 96.

Grisones

Nel 1716 la Repubblica di Venezia, assalita dall'Impero Ottomano, aveva preso al suo servizio un reggimento di grigioni comandato dal colonnello Andreas Salis (1671-1756) di Coira, appartenente a una delle famiglie più importanti dei Grigioni[81]. Dopo aver preso parte alla guerra insieme ai due reggimenti svizzeri dei colonnelli Müller e Stockar, il reggimento grigione fu licenziato in seguito alla pace di Passarowitz e il colonnello Salis, trovandosi disoccupato, pensò di mettersi al servizio della Spagna.

Recatosi a Roma incontrò il cardinale Acquaviva d'Aragona, ambasciatore spagnolo presso la corte pontificia, con cui il 19 febbraio 1719 concluse una capitolazione della durata di cinque anni simile a quella ottenuta dai fratelli Mayor. Salis si impegnava a formare entro tre mesi un reggimento di otto compagnie di 200 uomini

---

77   Nel 1726 era tenente colonnello del reggimento il conte Bartolomeo Barattieri. il quale nel giugno 1718, dopo aver prestato servizio in Francia, si era presentato «all'improvviso» al cardinale Alberoni sollecitando un impiego: «Io veramente restai confuso. Il Re in niun modo l'ha voluto accettare. Io l'ho consigliato di giungere l'armata facendo questa campagna di volontario. Li ho dato per fare il viaggio, e l'ho raccomandato all'Intendente Generale [Patiño] che l'assista con il soldo di Capitano vivo». È quindi probabile che Baratieri sia entrato nel reggimento solo dopo la guerra, non peritandosi nel 1726 di criticare il suo colonnello, lamentando che non avesse «fatto un'ora di servizio, mentre nel reggimento vi sono capitani che servono Sua Maestà da venticinque anni».

78   Vi sono contraddizioni circa la natura della capitolazione del 1727 (per Samaniego ne venne stipulata una nuova) e la data del cambiamento di nome (che lo stesso Clonard anticipa altrove al 1731).

79   Richeri non era suddito genovese, altrimenti sarebbe stato arrestato: per il resto su di lui non si hanno notizie, ignorandosi anche le sue vicende dopo il 1721.

80   Clonard dice «que se formó» in Genova, ma il termine va inteso come riferito al "territorio della Repubblica di Genova" (esclusa la Corsica): non era possibile costituire un reggimento nella città di Genova, causa la neutralità della Repubblica.

81   Pur avendo caratteristiche simili agli svizzeri, i grigioni non vanno confusi con gli svizzeri: essi non non facevano parte della della Confederazione Elvetica, in cui entrarono solo nel 1802.

Tav.22 Portaguidone del reggimento di dragoni *Numancia*.

ciascuna divise in due battaglioni, a condizioni (per lui) vantaggiosissime, tra cui il diritto di lasciare in eredità il reggimento come fosse una qualsiasi proprietà e quello di nominarne gli ufficiali superiori. Inoltre la capitolazione concedeva ai soldati protestanti il libero esercizio della loro religione, un permesso dovuto alle contingenze, ma che in futuro fu causa di gravi inconvenienti. L'operato di Salis venne accettato dalle «Leghe grigie» che si impegnarono a favorire i futuri reclutamenti.

I soldati reduci dal servizio veneziano si concentrarono a Livorno e Porto Longone dove furono imbarcati su tre navi noleggiate a Genova per condurli in Sicilia[82]. Verso la fine di luglio 1719 le navi furono sorprese in vicinanza di Palermo dai vascelli inglesi *Grafton* e *Lennox* e solo pochi dei 900 soldati che trasportavano sfuggirono alla cattura[83].

Questi e gli altri affluiti successivamente sull'isola furono aggregati al battaglione *Mayor* riunendosi poi al grosso del reggimento liberato dalla prigionia a seguito di uno scambio. I grigioni furono trasportati a Barcellona, dove il libero esercizio della religione protestante, in un paese in cui ciò era proibito, suscitò l'indignazione della popolazione. Ma furono soprattutto gli eccessivi privilegi concessi dalle capitolazioni, denunciati per primo dal marchese di Lede, a causare il licenziamento dei reggimenti *Salis* e *Mayor*, che furono sciolti il 21 gennaio 1721. I pochi soldati di religione cattolica, rimasti in servizio ma a nuove condizioni, formarono una «compagnia franca» di grigioni che esisteva ancora nel 1736[84].

Fonti e bibl.: ASGe, Archivio Segreto: f. 2648; *Avisi italiani*, 30 agosto 1719 (n. 151); Gaceta de Madrid, 27 giugno 1719, 16 luglio 1720; Andújar Castillo, p. 446; Bragado Echevarría, pp. 112-114; Corbett, pp. 57-58; Clonard, V, pp. 218, 221; Gerba, p. 138; Girard, III, pp. 40-41; Holzhalb, V, pp. 267-268; May de Romainmotier, VII, pp. 189-190, 192-193; Portugués, II, p. 356; Samaniego, p. 95-96.

Esguizaros

Nel 1716 la Repubblica di Venezia, assalita dall'Impero Ottomano, aveva preso al suo servizio i due reggimenti svizzeri dei colonnelli Müller e Stockar che furono licenziati in seguito alla pace di Passarowitz. Il «sergente maggiore» (maggiore) del reggimento Müller Benjamin Mayor[85], di nobile famiglia del cantone di Vaud, trovandosi disoccupato, pensò di formare con i superstiti dei due reggimenti, radunati a Corfù, un reggimento da mettere al servizio della Spagna. Con il fratello François-Luis (già ufficiale delle guardie svizzere del re di Francia e maggiore del reggimento Stockar si portò a Roma dove i due fratelli si presentarono al cardinale Acquaviva d'Aragona, ambasciatore spagnolo presso la corte pontificia, col quale, approfittando della sua incompetenza in materia, stipularono l'11 febbraio 1719 una capitolazione (per loro) assai vantaggiosa[86]. Essa prevedeva la formazione entro tre mesi di un reggimento di otto compagnie di 200 uomini ciascuna divise in due battaglioni, che doveva restare in servizio cinque anni. Benjamin Mayor doveva esserne il colonnello "proprietario" mentre il comando effettivo sarebbe spettato a François-Luis; gli altri ufficiali superiori sarebbero stati nominati da Benjamin che avrebbe potuto lasciare agli eredi "proprietà" del reggimento come un bene qualsiasi. Per facilitare gli arruolamenti la capitolazione concedeva ai soldati protestanti il libero esercizio della loro religione, un permesso dovuto alle contingenze, ma che in futuro fu causa di gravi inconvenienti.

Né i cantoni protestanti, né quelli cattolici accettarono l'operato dei Mayor, che si trovarono in difficoltà[87]. I reduci dal servizio veneziano, concentrati a Livorno e Porto Longone, erano in numero appena sufficiente a

---

82   Non si sa dove e quando il reggimento fu costituito: i dati di Clonard sono palesemente errati.
83   Corbett non precisa la data esatta di questo episodio che avvenne nell'estate 1719: si parla «*Swiss Recruits*» ma novecento uomini sono troppi per essere i complementi del battaglione *Mayor*, che ebbero sorte analoga.
84   Andreas Salis tornò a Coira dove fu borgomastro (sindaco) e presidente di una delle cinque «Leghe» in cui si dividevano i grigioni.
85   Spesso trascritto erroneamente *Mayer*.
86   La data è quella riportata da Girard che dice di basarsi su documenti autentici in possesso della famiglia Mayor; secondo Bragado Echevarría la capitolazione fu conclusa il 10 marzo 1719.
87   Non si sa dove e quando il reggimento fu costituito: i dati di Clonard sono palesemente errati. L'affermazione che il reggimento sarebbe stato formato a Corfù da dove sarebbe stato trasportato a Messina, come anche quella che avrebbe stato impiegato con successo in Sicilia, derivano da fonti svizzere del Settecento che non trovano riscontro altrove.

formare un battaglione di cinquecento uomini, che furono portati a Cagliari dalla «nave del capitano Stefano Bregante francese, procedente di Longone» come informava il 10 aprile 1719 il console genovese a Cagliari. Questo battaglione passò poi in Sicilia, sbarcando a Palermo in maggio e riunendosi il 7 luglio all'esercito del marchese di Lede ove fu di poca utilità in quanto a corto di effettivi, mal vestito e armato, poiché gran parte degli uomini e dei materiali mandati da Porto Longone per completarlo furono catturati dagli inglesi.

Il secondo battaglione, formato da disertori di tutte le nazioni, rimase di presidio a Porto Longone. Portatosi a Livorno per curare il reclutamento, Benjamin Mayor vi morì improvvisamente, lasciando il reggimento in eredità al fratello François-Luis, che il 20 aprile concluse col cardinale Acquaviva una nuova capitolazione identica alla precedente.

Conclusa la pace, i due battaglioni si riunirono a Barcellona, dove il libero esercizio della religione protestante, in un paese in cui ciò era proibito, suscitò l'indignazione della popolazione. Ma furono soprattutto gli eccessivi privilegi concessi dalle capitolazioni, e denunciati dal marchese di Lede, a causare il licenziamento dei reggimenti *Salis* e *Mayor*, che furono sciolti il 21 gennaio 1721[88]. Al contrario di quello grigione, il reggimento svizzero risultò costituito in buona parte da soldati cattolici che, trattenuti in servizio, formarono il 20 febbraio 1721 il reggimento Niederöst, retto da una diversa capitolazione.

Fonti e bibl.: ASGe, Archivio Segreto: ff. 2648, 2668; GACETA DE MADRID, 16 luglio 1720; ANDÚJAR CASTILLO, pp. 100, 446; BRAGADO ECHEVARRÍA, pp. 112-114; CLONARD, V, pp. 218, 221; GIRARD, III, pp. 162-165; HOLZHALB, V, p. 17; MAY DE ROMAINMOTIER, VII, pp. 191-193; PORTUGUÉS, II, p. 356; SAMANIEGO, p. 86.

Baviera

Samaniego classifica questo reggimento come appartenente alla fanteria «vallona» forse con riferimento al fatto che si intendeva formarlo con disertori austriaci (i soldati di lingua tedesca entravano nei reggimenti «valloni»): il testo della capitolazione è stato ritrovato, ma non si hanno particolari in proposito.

Gli assentisti furono Tommaso Spinelli e Oronzo Betrela [*sic*], entrambi napoletani[89]; il il comando del reggimento fu assunto dal secondo che aveva servito per oltre venticinque anni nell'esercito spagnolo. Data e luogo di formazione si ignorano, ma al governo di Genova esaminò una relazione in data 14 agosto 1720 Francesco Cremata e Carlo Olivieri «che assentono soldati per Spagna in Finale e sue ville» avendo ottenuto in Barcellona patenti di ufficiale con obbligo «di condur alla detta città [Barcellona] huomini quaranta fra mesi cinque, per dover la compagnia formata che sarà aggregare al regimento *Baviera*, ...»[90]. Questo reggimento fu poi sciolto in Catalogna a seguito della riforma decretata il 15 novembre 1721[91].

Fonti e bibl.: ASGe, Archivio Segreto: f. 2940; ANDÚJAR CASTILLO, pp. 104, 446; CLONARD, V, p. 221, 223; PORTUGUÉS, II, p. 356; SAMANIEGO, p. 76.

Munster

Le uniche notizie su questo reggimento sono che la sua formazione fu proposta da tale Juan Lafitte, altrimenti sconosciuto, e che il testo della capitolazione è stato rinvenuto. Samaniego classifica questo reggimento come appartenente alla fanteria «vallona» ed ebbe probabilmente caratteristiche e vicende analoghe a quello di *Baviera*, non arrivando forse a completarsi prima di essere sciolto[92].

Bibl.: ANDÚJAR CASTILLO, p. 446; CLONARD, V, p. 221; PORTUGUÉES, II, p. 356; SAMANIEGO, p. 109.

---

88   François-Luis Mayor rientrò in Svizzera dove morì senza prole: secondo Girard le bandiere del reggimento, la capitolazione, le patenti e altri documenti originali erano ancora conservati dalla famiglia Mayor.

89   Il termine "napoletano" si riferiva allora a tutto il Regno di Napoli.

90   Clonard afferma che il reggimento «*se formó*» en Genova, intendendosi che fu reclutato nel territorio continentale della Repubblica (v. nota al reggimento *Helvecia*); come data di costituzione egli indica il 20 luglio 1720, riferendosi forse alla stipulazione della capitolazione, anche se appare strano che questa sia stata conclusa a guerra finita.

91   Il colonnello Betrela dal 1725 al 1764 fu governatore della città di Mataró: promosso brigadiere nel 1741 e maresciallo di campo nel 1760, superava i novant'anni di età quando fu infine messo a riposo nel 1764.

92   Come *Baviera*, Clonard afferma che *Munster* «*se formó*» en Genova, intendendosi che fu reclutato nel territorio continentale della Repubblica e indica il 31 luglio 1720 quale data di costituzione; non lo comprende nella lista dei reggimenti sciolti a guerra finita.

Palermo

Clonard scrive che questo reggimento fu costituito da Giovanni Battista Gravina in base a una capitolazione approvata dal marchese di Lede il 21 agosto 1718 mentre questi stava nel suo accampamento di Santa Maia presso Messina[93]. Il reggimento si formò a Palermo, dove passò la sua prima rassegna il 31 ottobre dello stesso anno di fronte al commissario di guerra Pedro de Bedoya, constando di tredici compagnie di 50 uomini ciascuna, compresi due sergenti e un tamburo; tenente colonnello era Baldassare Gravina, *sargento mayor* "José Allora", Giovanni Battista Gravina, fratello di Ferdinando Gravina, principe di Palagonia. si fece carico del reclutamento e del vestiario, mentre l'armamento era a carico del governo.

Nel gennaio 1719 il reggimento *Palermo*, insieme a quello di *Mecina*, venne mandato a presidiare la cittadella di Messina, ma quando il 22 luglio gli austriaci si presentarono di fronte alla città il tenente generale Luca Spinola, che ne era governatore, preferendo che la guarnigione fosse composta solo da truppe veterane, fece in modo che i corpi siciliani "di nuova leva" si congiungessero all'esercito del marchese di Lede. Il 22 aprile 1720 questi, tra le disposizioni prese per difendere Palermo, affidò «il comando del palazzo [reale] al colonnello del reggimento di Palermo cavalier D. Giovanni Gravina»

Imbarcatosi con le altre truppe quando la Sicilia fu evacuata e sbarcato a Barcellona, il reggimento continuò a far parte dell'esercito spagnolo, alternando varie guarnigioni, fin quando venne sciolto nel 1731 formando il 2° battaglione del reggimento *Milán*[94].

Fonti e bibl,: AGS, Guerra Moderna: suppl. leg. 235; ASGe, Archivio Segreto: f. 2648; *Gaceta de Madrid*, 16 luglio 1720; ANDÚJAR CASTILLO, p. 446; CLONARD, V, pp. 220, 225 e XI, p. 320; GIARDINA, p. 259; MARTINI, p. 68; PORTUGUÉS, II, p. 356; SAMANIEGO, pp. 108, 114; VILLABIANCA, II, pp. 90-91.

Mecina

Reggimento formato, probabilmente a Palermo, da Francesco Pietrasanta principe di San Pietro, la cui patente di colonnello era datata 20 settembre 1718. Nel gennaio 1719 il reggimento *Mecina*, insieme a quello di *Palermo*, venne mandato a presidiare la cittadella di Messina, ma quando il 22 luglio gli austriaci si presentarono di fronte alla città il tenente generale Luca Spinola, che ne era governatore, preferendo che la guarnigione fosse composta solo da truppe veterane, fece in modo che i corpi siciliani "di nuova leva" si congiunsero all'esercito del marchese di Lede, dove *Mecina* incorporò l'incompleto reggimento *Malta* (o *Espadafora*)[95].

Imbarcatosi con le altre truppe quando la Sicilia fu evacuata e sbarcato a Barcellona, il reggimento continuò a far parte dell'esercito spagnolo, alternando varie guarnigioni, fin quando nel settembre 1731 venne trasportato a Porto Longone. Poco dopo fu presa la decisione di scioglierlo e incorporarlo in altri corpi, ma ciò non si potè fare, trovandosi *Mecina* in una guarnigione lontana e isolata: fu allora sciolto, benchè di maggiore anzianità, il reggimento *Sicilia*, il cui nome fu però assunto dal reggimento *Mecina*, che nel 1737 entrò poi a far parte dell'esercito del nuovo Regno delle Due Sicilie come *reggimento della Regina*.

Fonti e bibl,: AGS, Guerra Moderna: suppl. legg. 235, 402; ASGe, Archivio Segreto: ff. 2648, 2671; *Gaceta de Madrid*, 16 luglio 1720; ANDÚJAR CASTILLO, p. 446; CLONARD, V, pp. 220, 229 e VIII, p. 152; PORTUGUÉS, II, p. 356; SAMANIEGO, p. 107; VILLABIANCA, II, pp. 126, 201.

---

93   Samaniego conferma quanto scrive Clonard, facendo riferimento a una lettera scritta dal marchese di Lede il 22 agosto, ove si parla della nomina di Gravina; in un documento dell'AGS la sua patente di colonnello appare invece datata 25 settembre 1718.

94   Per Samaniego Giovanni Battista Gravina comandò il reggimento fino al suo scioglimento, fu promosso brigadiere e nel 1736 era colonnello di *Milán*.

95   Il suo colonnello Gutierrez Spadafora, marchese di Spadafora, che venne aggregato al reggimento, ereditò poi il titolo di principe di San Pietro all'estinzione di un ramo della sua famiglia: quando poi divenne colonnello di *Mecina*, il reggimento si trovò a essere comandato successivamente da due persone aventi lo stesso titolo, ma appartenenti a famiglie diverse! Il feudo di San Pietro dei Pietrasanta è oggi una frazione del comune di Milazzo, mentre quello appartenente agli Spadafora corrisponde all'attuale comune di Spadafora.

Valdenoto

Reggimento costituito a spese di Giovanni Gravina, duca di San Michele per suo figlio Francesco Saverio che ebbe patente di colonnello l'11 novembre 1718. Per quanto prendesse nome dal "valle" corrispondente alla Sicilia sud-orientale, *Valdenoto* si formò a Palermo, dove sembra sia sempre rimasto; il 22 aprile 1720 il marchese di Lede, tra le disposizioni per la difesa della città, affidò il comando «della batteria del piano di S. Erasimo [*sic*] al colonnello del reggimento del Val di Noto, D. Xaverio Gravina».

Sbarcato a Barcellona, il reggimento fu sciolto a seguito della riforma decretata il 15 novembre 1721 e incorporato in quello di *Nápoles*[96].

Fonti e bibl.: AGS, Guerra Moderna: suppl. leg. 235; *Gaceta de Madrid*, 16 luglio 1720; ANDÚJAR CASTILLO, pp. 103, 446; CLONARD, V, pp. 220, 222, VII, p. 360 e VIII, pp. 152 e 167; GIARDINA, p. 259; PORTUGUÉS, II, p. 356; SAMANIEGO, pp. 70, 126; VILLABIANCA III, pp. 44-45.

Valdemazara

Reggimento costituito a spese di Giuseppe Beccadelli di Bologna, principe di Camporeale, per suo figlio Pietro, marchese della Sambuca[97]. Dalla corrispondenza del console sabaudo a Napoli, il cui fratello era ufficiale del reggimento si ricava che questo doveva avere mille uomini e rimase sempre a Palermo, ma nell'estate 1719 fu trasferito a Termini (Imerese). Il 22 aprile 1720, il marchese di Lede, tra i provvedimenti per la difesa di Palermo, affidò il comando «del castello del Molo e Lanterna al colonnello del reggimento del Val di Mazzara, marchese della Sambuca».

Sbarcato a Barcellona, il reggimento fu sciolto a seguito della riforma decretata il 15 novembre 1721.

Bibl.: *Gaceta de Madrid*, 16 luglio 1720; ANDÚJAR CASTILLO, p. 446; CLONARD, V, pp. 220, 223; GIARDINA, p. 259; LO FASO, *Sicilia 1718*, pp. 80, 83; PORTUGUÉS, II, p. 356; SAMANIEGO, p. 126.

Valdemone

Questo è il reggimento con minori informazioni rispetto a tutti gli altri. Si sa solo che il colonnello era Ignazio Termini, figlio o fratello di Tommaso Termini principe di Casteltermine, la cui patente era datata 25 ottobre 1718[98].

Sbarcato a Barcellona, il reggimento fu sciolto a seguito della riforma decretata il 15 novembre 1721[99].

Fonti e bibl.: AGS, Guerra Moderna: suppl. leg. 235; *Gaceta de Madrid*, 16 luglio 1720; ANDÚJAR CASTILLO, p. 446; CLONARD, V, pp. 220, 223 e VIII, p. 189; PORTUGUÉS, II, p. 356; SAMANIEGO, pp. 103, 126; VILLABIANCA II, p. 94.

Augusta

Questo reggimento fu costituito da Mariano Naselli, figlio cadetto di Baldassarre Naselli principe di Aragona (un feudo posto nella Sicilia occidentale) che si fece carico non solo del reclutamento, ma anche del vestiario e armamento[100]. Nel marzo 1719 il nuovo reggimento era sufficientemente pronto per essere inviato a Porto Longone (insieme al 2° battaglione del reggimento *Burgos*) per rilevarvi i reggimenti di *Lombardia* e di *Liguria* chiamati in Sicilia. Qui il colonnello Naselli fu coinvolto in un'aggressione notturna ai danni del marchese Silva console di Spagna, secondo quanto scrive il console genovese a Livorno il 26 febbraio 1721: «riconoscessero l'aggressore con asserire essere il cameriere d'un tal principe d'Aragona palermitano, però cadetto di sua casa, che è qui commorante, … il quale è colonnello del reggimento d'Augusta al presente di presidio in Lungone».

---

96   Francesco Saverio Gravina (noto come *marqués de Gravina*) fu poi colonnello del reggimento di fanteria *África*, brigadiere il 14 agosto 1735, maresciallo di campo il 19 dicembre 1739 e infine fu «destinado en 1746 a Barcelona con el sueldo de mariscal de campo».

97   I primogeniti dei principi di Camporeale portavano questo titolo. Pietro Beccadelli di Bologna (1697-1781) succedette nel 1733 al padre ma non sembra abbia intrapreso la carriera militare.

98   Secondo un documento nell'AGS; Samaniego in una pagina scrive che Ignazio Termini aveva una patente di colonnello del 1° settembre 1718, in un'altra la data è 29 settembre.

99   Dopo lo scioglimento del suo reggimento, Ignazio Termini passò a quello di *Nápoles* e dopo ebbe il comando del reggimento di *Lisboa*.

100   Clonard scrive che questo reggimento si formò a Genova, come *Baviera* e *Munster*, confondendo la città siciliana di Augusta con l'omonima tedesca (Augsburg); Portugués lo mette all'ultimo posto fra i reggimenti siciliani, il che forse indica che venne formato dopo gli altri.

Trasportato a Barcellona contemporaneamente all'evacuazione della Sicilia, il reggimento fu sciolto a seguito della riforma decretata il 15 novembre 1721.

Fonti e bibl.: ASGe, Archivio Segreto: f. 2684; *Gaceta de Madrid*, 22 luglio 1721; ANDÚJAR CASTILLO, pp. 103, 446; CLONARD, V, pp. 221, 223; PORTUGUÉS, II, 356; SAMANIEGO, p. 73; VILLABIANCA, II, p. 64.

Malta (o Espadafora)

Verso la fine del 1718 il marchese di Lede stipulò con Gutierrez Spadafora una capitolazione per la costituzione di un reggimento di fanteria da formarsi a Messina[101]; per quanto i reclutatori del reggimento si spingessero fino a Genova, esso non era completo il 22 luglio 1719 quando gli austriaci comparvero dinanzi a Messina; lasciata la città insieme agli altri due reggimenti siciliani *Palermo* e *Mecina*, fu probabilmente incorporato in quest'ultimo, di cui successivamente Gutierrez Spadafora, divenuto principe di San Pietro, fu colonnello.

Bibl.: ANDÚJAR CASTILLO, pp. 100, 446.

CAVALLERIA

Sicilia

Verso la fine di dicembre 1718 il marchese di Lede accettò l'offerta del duca di San Blasi di formare un reggimento di cavalleria di tre squadroni, reclutato e vestito a sue spese lasciando al governo la cura di provvedere armi e cavalli. Lodovico Ioppolo (o Joppolo) e Spadafora, duca di San Blasi per investitura del 29 febbraio 1716, ricopriva già il grado di colonnello, cui era stato promosso il 22 aprile 1718 (il ducato di San Blasi corrisponde all'attuale comune di San Biagio Platani, in provincia di Agrigento).

Sulle vicende di questo reggimento sono state reperite poche notizie. Il 24 novembre 1719 il marchese du Bus, comandante di Palermo, fece partire il colonnello duca di San Blasi alla volta di Trapani per unirsi con il suo reggimento alle truppe che bloccavano la città; il 17 febbraio 1720 il generale austriaco Seckendorf mosse contro Sciacca, del suo presidio facevano parte 50 cavalieri del reggimento "San Blasio"; si imbarcò poi con le truppe che evacuavano la Sicilia e sbarcò a Barcellona; il 20 ottobre 1720 il suo comando fu conferito a Juan de Requesens e venne sciolto nel 1721-1722.

Il duca di San Blasi, divenuto colonnello del ben più prestigioso reggimento di cavalleria *Borbón*, prese parte in qualità di «*mariscal de logis*» della cavalleria alla campagna per la riconquista di Orano, cadendo in combattimento il 22 luglio 1732.

Fonti e bibl.: AGS, Guerra Moderna, suppl., leg. 235; ASGe, Archivio Segreto: f. 2648; *Avisi italiani*, 10 aprile 1720 (n. 62); *Gaceta de Madrid*, 16 luglio e 20 ottobre 1720; ANDÚJAR CASTILLO, p. 447; CLONARD, V, p. 328 e XIV, pp. 372 e 382; GERBA, p. 170; GIARDINA, p. 244; PORTUGUÉS, II, p. 357; SAMANIEGO, pp. 139, 147; Villabianca III, p. 126

DRAGONI

Caller

Nell'estate 1719 fu stipulata una capitolazione con Gavino Olives per la formazione di un reggimento di dragoni da chiamarsi *Caller* (Cagliari) da costituirsi sulla base del distaccamento lasciato in Sardegna dai reggimenti trasportati in Sicilia[102].

Nella capitolazione Olives si obbligava a "levare" il reggimento a sue spese e a fornire il vestiario (armi e cavalli sarebbero stati provveduti dal governo) ottenendo in cambio la disponibilità di tutti i posti da ufficiale (34),

---

101   Il nome *Malta* appare solo nella capitolazione: nella sua breve esistenza il reggimento fu sempre noto come *Espadafora* (versione spagnola di Spadafora). Aver assegnato quel nome a un reggimento siciliano non deve stupire, poiché l'arcipelago Maltese era considerato parte integrante del Regno di Sicilia, che Carlo V aveva assegnato in feudo ai cavalieri di San Giovanni: però nell'esercito spagnolo esisteva già un reggimento di cavalleria *Malta*, che portò questo nome dal 1718 al 1763.

102   Clonard indica il 2 agosto come data della creazione del reggimento, un'altra fonte invece l'8 settembre; di Gavino Olives non si sa nulla, tranne che non era congiunto di Antonio Michele Olives, marchese di Montenegro, che nel 1717 insorse a favore di Filippo V nei dintorni di Sassari.

che furono venduti ai migliori offerenti. Molti di questi furono acquistati da ufficiali del reggimento di fanteria *Murcia*, che in tal modo ottenevano una promozione a pagamento, mentre i dodici ufficiali che avevano fatto parte del distaccamento rientrarono ai rispettivi reggimenti.

Il 30 giugno 1720 le dodici compagnie del reggimento erano concentrate a Cagliari e Alghero in attesa di imbarcarsi per la Spagna: i trecento dragoni che erano a Cagliari si imbarcarono con i loro cavalli a metà luglio e furono trasportati ad Alicante. Il reggimento fu sciolto nel 1722[103].

Fonti e bibl.: AGS, Guerra Moderna: suppl. leg. 235; ASGe, Archivio Segreto: f. 2668; *Gaceta de Madrid*, 3 settembre 1720; ANDÚJAR CASTILLO, pp. 80, 88-89. 447; CLONARD V, pp. 329-330 e XV, pp. 456, 464; PORTUGUÉS, II, p. 357; SAMANIEGO, pp. 152, 155; Tola, III, p. 33.

---

103   Il colonnello Gavino Olives assunse nel maggio 1734 il comando del reggimento di dragoni di *Numancia*: brigadiere il 14 agosto 1735, pare sia morto nel 1742.

Tav. 23 Tamburo del reggimento di dragoni *Lusitania*

APPENDICE IV[104]
CONTRATTI DI VESTIARIO PER L'ESERCITO SPAGNOLO 1717-1718

Contratto con Joseph García de Asarta (20 luglio 1717)[105]

Nicolas de Hinojosa, tesorero mayor de S.M.

Data de lo pagado desde primero de Enero de 1717 hasta fin de Agosto de 1718 por vestidos entregados en el almacen de esta corte, hechuras de ellos y otros generos de vestuario. (Joseph Garcia de Asarta, asentista de vestuario de las reales tropas.)

1º Por asiento ajustado con S.M. con Joseph Garcia de Asarta en conformidad con el pliego que dio, con abono de Juan de Goyeneche en 20 de Julio de 1717 se obligó dicho Joseph, a proveer todos los vestuarios que segun ordenanzas y reglamentos, se debiesen dar a los regimientos de infanteria, caballeria y dragones de los ejercitos de S.M. (exclusas sus reales guardias) en el termino de cuatro años contados desde primeros del propìo mes de Julio, hasta fin de Junio de 1721, con diferentes calidades y condiciones y entre ellas las siguientes.

2º Que los Paños para dichos vestuarios hubiesen de ser de fabrica de España y señaladamente para casacas y capas veintidoseno y para chupas, calzones, mantillas y tapafundas veintenos unos y otros de a siete cuartas de ancho de los hilos que previenen las leyes, y como se entregaran en el almacen de cuenta de S.M. por los cuales de le habian de pagar por cada vara de paño ventidoseno blanco a venticinco reales, por el azul, verde y pajizo ventisiete reales y medio y por el encarnado treinta reales, y por los veintenos dieciocho reales y medio el blanco, ventidos reales y medio el azul, verde y pajizo, y venticuatro reales el encarnado. Y por los demas generos que incluye el asiento se le hubiesen de abonar por la real hacienda los precios que se expresan en el y en la condicion siguiente, en que se hace demostracion de lo que monta cada vestuario y sus hechuras las piezas de que se habia de componer para vestuario, precio de cada una de ellas con distincion de costa y sus hechuras en esta forma.

Vestuario de Infantería

Para Casaca

Una vara y 11/12 de paño blanco 22^{eno}. Una cuarta de paño 22^{eno} azul, verde o pagizo para vuelta de mangas. Tres varas y 2/3 de jerguilla para aforro. Dos docenas y media de botones de estaño.

Para Chupa

Una vara y media de paño blanco 20^{eno}. Tres varas de lienzo zerrón para forro. Dos docenas de botones de estaño.

Para Calzones

Tres cuartas de paño blanco 20^{eno}. Una vara y 2/3 de lienzo. Hechura y faltriqueras

Dos camisas de lienzo, dos corbatas cada una de vara y cinco sesmas de largo y una cuarta y dos dedos de ancho de lienzo de bocadillo, un par de medias de estambre en blanco de tres hilos, un par de zapatos en la forma que al presente se dan, un sombrero de 14 onzas de peso con su borde y cordoncillo de hilo, un cinturón.

Un cartucho.

Un frasco en la forma que al presente, asi para la infantería como para los dragones.

Una correa para el frasco y otra para el fusil.

De forma que un vestido de infantería compuesto de las piezas expresadas y siendo de paño blanco con vuelta de manga de color azul, verde o pagizo y a los precios referidos monta su coste 220 Reales ... y si el mismo vestuario fuere con chupas de dichos tres colores tendra demás coste 6 Reales por la diferencia de su precio y proporcionadamente si fuese encarnado.

Vestuario de Caballeria.

Para Casaca.

---

104 A cura di Giancarlo Boeri.
105 AGS, Tribunal Mayor de Cuentas, Legajo 1905.

Tav. 24 Soldato del reggimento di cavalleria *Sicilia*

Dos varas y cuarta de paño blanco 22^{eno}.

Una cuarta de paño azul, verde o pajizo para la vuelta.

Cuatro varas y cuarta de jerguilla para forro.

Dos docenas y media de botones de metal.

Para Chupa.

Una vara y media de paño 20^{eno} azul, verde o pajizo.

Tres varas de lienzo para forro.

Dos docenas de botones.

Para Calzones.

Tres cuartas de paño blanco 20^{eno} y tres cuarto de otro.

Una vara y dos tercios de lienzo.

Para Capa.

** varas de paño 22^{eno}.

Una cuarta de jerguilla para vueltas.

Dos camisas.

Dos corbatas.

Un par de medias de estambre en blanco de tres hilos.

Un par de zapatos en la forma que al presente se dan.

Un sombrero de 14 onzas de peso con su borde y cordoncillo de hilo.

Un par de botas de baqueta.

Una Bandolera.

De forma que un vestido de caballería compuesto de las piezas expresadas y siendo de paño blanco con vuelta de manga de color azul, verde o pagizo y a los precios referidos monta su coste 220 Reales … y si el mismo vestuario fuere con chupas de dichos tres colores tendra demás coste 6 Reales por la diferencia de su precio y proporcionadamente si fuese encarnado.

Las casacas del tamburo ó pifano llevan 19 varas de franja ancha, 12 de mediana y 8 de ribete para guarnecerlas.

Bolsas de granaderos, cajas para tambores, sillas para la caballería, estribos, frenos, mantillas y tapafundas de paño 20^{eno} azul, verde o pajizo, con forro de angulema.

61 Tambien se obligó a entregar las bolsas que se necesitasen para granaderos abonandose por cada una al precio de 19 reales de vellón y asi mismo las cajas para tambores a precio de 55 reales cada una y las sillas para caballeria 142 reales cada un con todos sus rendajes; y 8 reales por cada par de estribos ; y 12 reales por cada freno; y 27 reales por cada mantilla y tapafunda; los … por una vara de paño veinteno azul, verde o pajizo …

91 Que todas las veces que se diese vestuario había de preceder orden de S.M. por la Secretaria del Despacho Universal o primer ministro de la guerra; dandose de un año para otro, expresando numero de vestuario, sus colores y los equipages que se hubiesen de dar para la caballería expecificando numero y calidad de las piezas y el Almacén en que de los cuatro que se obligó a establecer el asentista se habia de hacer la entrega; de modo que con esta anticipación se arreglasen y tuviesen promptos y no se pudiese ofrecer duda ni controversia con los que los habian de recibir, ni en lo que su importe se debia abonar conforme del asiento.

121 Se obligó el asentista a establecer tres almacenes uno en Madrid que había de ser el mismo que servia a este fin pagando la mitad de su alquiler por quanto la otra mitad debía ser de cuento de la Real Hacienda por servir para la Artilleria. Otro almacen en Zaragoza y otro en Merida y demás de estos otro en Sevilla o que en su defecto conduciria a sus expensas hasta dicha ciudad los vestuarios que se deviesen entregar a las tropas de Andalucia en cuyos almacenes se habian de hacer la entrega conforme a las ordenes dadas, y para ella ha de preceder otra orden particular de S.M. declarando el mes, dia y regimiento a quien se hubiese de hacer la entrega con toda la distinción conveniente.

Tav.24 bis Soldato del reggimento di dragoni *Caller*.

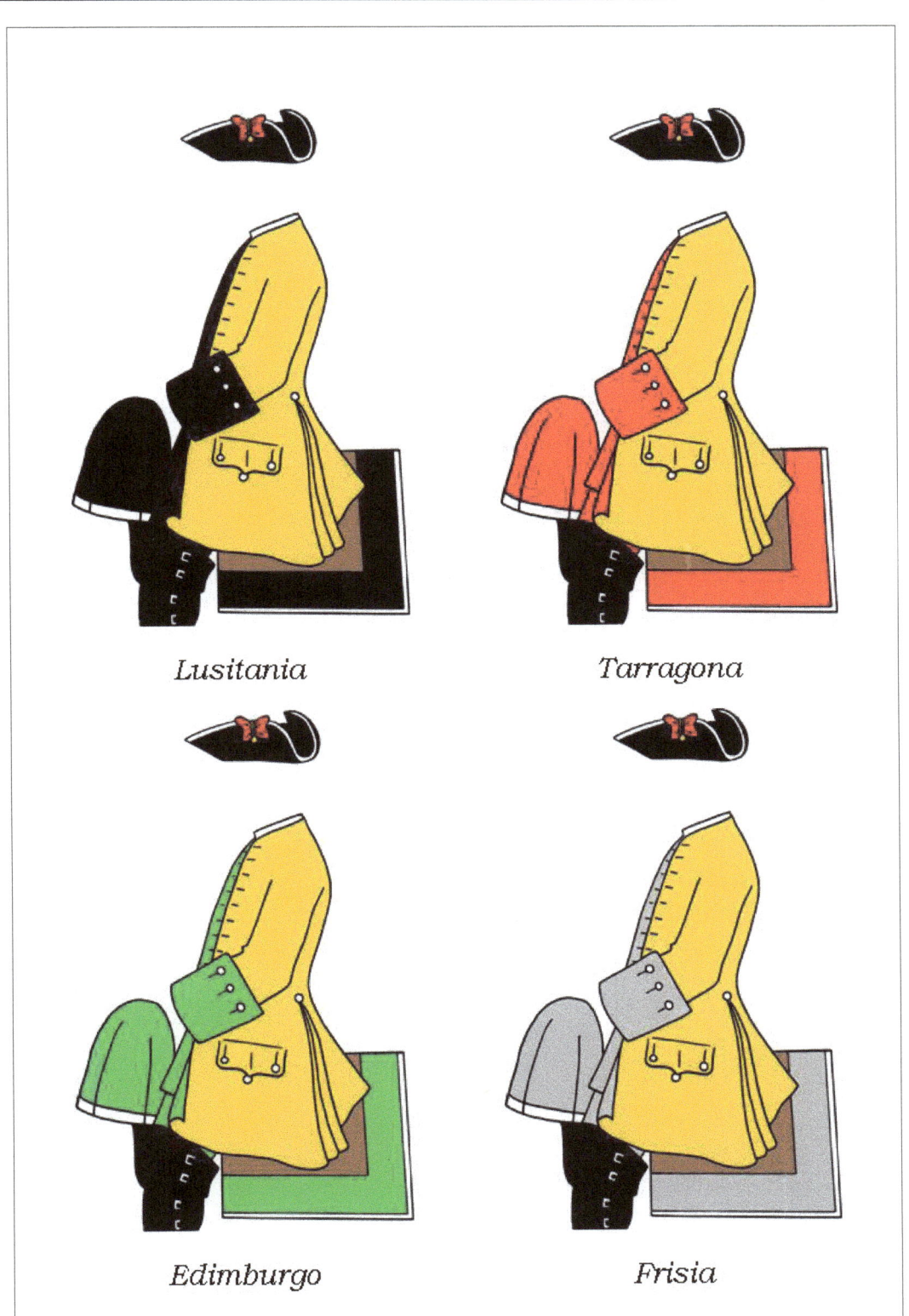

Lusitania

Tarragona

Edimburgo

Frisia

Tav. 25 Uniformi di alcuni reggimenti di dragoni (*Lusitania, Tarragona, Edimburgo, Frisia*).

Por Real orden de S.M. de 2 de septiembre del propio año de 1717 participada en relación firmada de dicho Secretario Miguel Fernández Durán se sirvió mandar que los vestuarios de que se habia encargado el asentista Joseph García de Asarta proveer para la infantería, caballería y dragones de S.M. se executasen de los colores y divisas expresadas en la predicha relación que es en la forma siguiente .

Infantería

(15). Casaca, chupa e calzón de paño blanco, forro de la casaca y vueltas de las mangas encarnado, como también las medias.

Almanza, Cathaluña, Lombardia, Aragón, Castilla, Nápoles, Badajoz, Guadalaxara, Osuna, Bendosme, Gueldres, Sicile, Burgos, León y *Valladolid.*

(31). Casaca, chupa e calzón de paño blanco, forro de la casaca y vueltas de las mangas azul, como también las medias.

Amberes, Courtray, Mar de Nápoles, Armada, Cuenca, Milán, Bajeles, Charleroy, Ostende, Basilicata, Parma, Benloo, Saboya, Bravante, Henau, Sevilla, Brujas, Jaen, Toledo, Bruselas, Luzembourg, Toro, Cantabria, Malaga, Valencia, Costa, Malinas, Navarra, Gante, Fijo de Sicilia y *Fusileros de Flandes.*

(4). Casaca, chupa e calzón de paño blanco, forro de la casaca y vueltas de las mangas verde, como también las medias.

Cordoba, Lisboa, Marina y *Santiago.*

(3). Casaca, chupa e calzón de paño blanco, forro de la casaca y vueltas de las mangas amarillas, como también las medias.

Asturias, Galicia y *Soria.*

(2). Casaca, chupa e calzón de paño blanco, forro de la casaca y vueltas de las mangas blancas, como también las medias.

Granada y *Zamora*

(2). Casaca, chupa e calzón de paño azul, forro de la casaca y vueltas de las mangas encarnado, como también las medias.

Murcia[106] y *Artillería*

(2). Casaca, y calzón encarnado, forro de la casaca, chupa y vueltas de las mangas azul, como también las medias.

Macaulif y *Wachop*

(2). Casaca, y calzón encarnado, forro de la casaca, chupa y vueltas de las mangas verde, como también las medias.

Comesfort y *Castelar* (quest'ultimo assunse poi il colore di divisa giallo).

Caballería

(7). Casaca, y calzón de paño blanco, forro de la casaca, chupa y vueltas de las mangas azul.

Brabante, Dupuy, Rosellón Nuevo, Urive, Conde del Real, Flandes y *La Farina.*

(2). Casaca, y calzón de paño azul, forro de la casaca, chupa e vueltas encarnado.

Real de Asturias y *Santiago*

(1). Casaca, y calzón encarnado, forro de la casaca, chupa y vueltas de las mangas azul.

Reyna

(10). Casaca, y calzón de paño blanco, forro de la casaca, chupa y vueltas de mangas encarnado.

Milán, Rosellón Viejo, Extremadura, Ordenes Viejo, Granada Viejo, Pozobianco, Atry, Sevilla, Zayas y *Armendariz*

(1). Casaca, y calzón de paño blanco, forro de la casaca, chupa y vueltas de las mangas azul.

Sicile [recte Cecile]

---

106   Poco dopo però il reggimento di *Murcia* venne vestito in bianco, come il resto della fanteria spagnola (escluse le gurdie), con mostre bleu.

Dragones[107]

-Regimiento de **Chateaufort/Frisia**. Casaca de paño amarillo con divisa y forro de gris-de- fer. Chupa e calzón de paño grisde fer. 300 capas de paño amarillo con cuello de paño gridefer y vuelta de jerguilla gridefer. 300 mantillas y 300 pares de tapafundas de paño gris ferro. -

-Regimiento de **Mahoni/Edimburg**. Casaca de paño amarillo con divisa y forro de jerguilla verde. Chupa e calzón de paño verde. 300 capas de paño amarillo con cuello de paño verde y vuelta de jerguilla verde. 300 mantillas y 300 pares de tapafundas de paño azul (? Probabilmente si tratta di una svista dello scrivano; il colore delle gualdrappe doveva essere verde come le mostre).

-Regimiento de **Grimau/Tarragona**. Casaca de paño amarillo con divisa y forro de jerguilla encarnada. Chupa e calzón de paño encarnado. 300 capas de paño amarillo con cuello de paño encarnado y vuelta de jerguilla encarnada. 300 mantillas y 300 pares de tapafundas de paño azul.

-Regimiento de **Osuna/Numancia**. Casaca de paño amarillo con divisa y forro de jerguilla azul. Chupa e calzón de paño azul. 300 capas de paño amarillo con cuello de paño azul y vuelta de jerguilla azul. 300 mantillas y 300 pares de tapafundas de paño encarnado.

-Regimiento de **Pezuela/Lusitania** . Casaca de paño amarillo con divisa negra y forro de jerguilla amarilla. Chupa e calzón de paño negro. 300 capas de paño amarillo con cuello de paño negro y vuelta de jerguilla amarilla. 300 mantillas y 300 pares de tapafundas de paño amarillo.

-Regimiento de **Boselli/Batavia**. Casaca de paño amarillo con divisa y forro de jerguilla gridefer. Chupa e calzón de paño gridefer. 300 capas de paño amarillo con cuello de paño gridefer. 300 mantillas y 300 pares de tapafundas de paño gridefer.

06/12/1717 166 casacas de paño blanco con forro y vuelta rojas y botones de metal, 155 pares de calzones de paño blanco, 60 sombreros y 71 pares de medias al regimiento de caballería de **Zayas**.

30/12/1717 Regimiento de caballería de **Sevilla** del coronel Juan Fernando de Guzmán.

276 casacas de paño blanco con forro y vueltas rojas y botones de metal para soldados, 7 casacas para trompetas de paño encarnado con forro y vuelta blanca guarnecidas con franja de seda e hilo y botones de metal. 283 pares de calzones de paño blanco. 420 camisas. 48 corbatas. 283 pares de medias blancas. 36 pares de botines. 283 sombreros. 200 cinturones. 130 vandoleras. 7 capas de paño encarnado con vuelta blanca para trompetas. 283 mantillas con sus tapafundas de paño blanco.

Uniformi del reggimento dragoni *Caller*

Ynstruccion para Don Galderick Porros sobre el Vestuario, Sillas y más encargas que lleva para el Regimiento de Dragones de *Zerdeña* [sic], con advertencia que primero de comprar Don Galderick los generos, ha de presentar al Señor Yntendente de Cataluña las muestras por que se nezessita de su aprobacion.[108]

Casacas de Dragones Hará Don Galderick hazer 306 Casacas para Dragones de paño amarillo con buelta y aforro verde, la casaca hecha a Brandis, por que abierta, muestra mas la divisa y zerrada abriga mas al Soldado. La buelta abierta por abajo, porque cerrada puede asirse a la Pealla de la Silla. Las puntas de las faldas traseras y delanteras de las Casacas tendràn sus Broches y Embrillas para poder prenderse, porque no embarazen al montar a caballo, o al marchar a pie. Los votones serán llanos de Leton y puestos en divisiones de tres. Tendran las Casacas sus cuellos de zirca de dos dedos de ancho, con su ojal y votoncillo pequeño, suponese que de la misma hechura y metal que los Votones grandes de la Casaca.

Chupas y Calzones 306 Chupas verdes y 306 Calzones amarilllos y evidar de que no sean apretados porque luego se rasgan.

Sombreros y medias 306 pares de medias verdes, y bastante largas y 312 sombreros de mediano tamaño con sus

---

107 In questa occasione furono mutati i colori del vestiario dei dragoni assegnando a tutti l'abito di colore giallo, disposizione che rimase in vigore per tutto il secolo.

108 A.G.S. Sección de Guerra Moderna. Legajo 1004.

escarapelas negras y galoneados de oro.

Capas 306 capas amarillas con el aforro de la delantera verde, con tres votones y su salapita donde estan los ojales.

Mantillas, tapafundas y Dragonas 312 mantillas y 312 tapafundas verdes con franja de la lana amarilla y verde, de cuio color y calidad an de ser tambien las 312 dragonas, y se observerá que sea de buen gusto el lavor que haga el verde con el amarillo.

Votines 312 pares de votines con sus presillas y las espuelas pegadas a ellos.

Sillas, portamosquetones, frenos y más rendajes 312 Sillas con sus estrivos y frenos con 306 portafusiles y más rendaje, inclusas una funda de pistola, y otra para llevar un ynstrumento de levantar tierra, o cortar fagina, y las correas y anillas para encadenar los cavallos quando el Regimiento pone pie a tierra, zinchas, acciones de stribos, petral y gorupera, etc.

Libreas de Tambores Seis libreas de Tambores, de la hechura de las casacas de los soldados con la diferencia de que será en aquellas verde la casaca y capa, amarillos los aforros y buelta, chupa y medias y verde el calzon. Los Alamares serán de mezcla verde y amarilla y el rivete de las Casacas ygual al de las mantillas y tapafundas; del mismo rivete se guarnezerán los Portacajas, que serán de paño amarillo.

Cajas y Estandartes En la Capitulacion por la leva de este Regimiento no se habló de cajas, ni de estandartes, los quales todos faltan, y de las primeras hai solo seis en los Destacamentos. Si S.M. no quiere hazer este gasto de quenta de la Real Hazienda, D. Galderick comprará seis cajas de Guerra y quatro Estandartes con las Armas y divisas que ultimamente se practican. La Protectora del Regimiento es nuestra Señora de Buen Ayre; por ahora los estandartes no se hagan costosos, pues luego que tenga tiempo el Regimiento de hazer algun fondo, se le pondrán todos los adornos que nezesite.

Vonetes de Caravineros, canutos para la mecha y presillas para llevar las hachetas Para quando los Caravineros hagan el servicio de Granaderos comprará D. Galdrick 48 vonetes o gorras de paño verde dandoles la cahida que baste para quando esté suelto el bonete y las cordanzillas de enzima de las costuras serán de lana amarilla, verde la vuelta del vonete, y la tarjeta o frontaje han de ser de piel de oso las más negra y pollada que se encuentre; el frontaje no mui ancho y de alto tendrá un palmo castellano, y el través de una mano; el sesto de la buelta será de seis a siete dedos de alto. Las correas de las volsas de los Caravineros tendrán sus canutos de oja de lata para la mecha y las mismas volsas sus presillas o pasadores de vaqueta.

Zapatos, camisas y corbatas 312 pares de Zapatos cortados o carres con 310 pares de hevillas furdes, 624 camisas y 624 corbatas, estas de la tela roja de que suelen tener sus vanderas los Yngleses o de otra equibalente; sus corbatas han de traer sus zinticas de cadarzo del mismo color para aterse? al cuello al qual han de dar dos bueltas.

Zinturones, frascos y sus correas 312 zinturones a proposito para llevar el sabre y la vayoneta, 306 frascos con su baquilla de metal, de tamaño que haga una carga de fusil de munizion con su zevo, antes más que menos, por si alguna vez tocare polvora mui inferior; 306 correas para los frascos; dichas correas de vaqueta de Moscovia y de dos dedos de ancho con un hevilla que caiga a la espalda para alorgar a cortar el frasco lo que se quisiere a proposicion de la altura del Dragon.

Cartucheras ordinarias y para caravineros y correas para unos y otros.
264 cartucheras de la hechura regular, que lleven ocho cartuchos para fusil y quatro para pistola, y tengan sus volsitas a los lados para llevar piedras, valas y sacatrapos. Adviertase de dar a las cartucheras la altura sufiziente para que qumpa? bien el cartucho con vala y polvora para cargar y cevar; 264 correas como las de los frascos y con hevillas del mismo genero, para llevar las cartucheras, cruñadas desde el hombro al costado, asv para hazer juego con las correas de los frascos, como porque puestas a la zintura las cartucheras embarazan mucho para de a caballo. Respecto de que los Caravineros, quando el Regimiento haze el servicio a pie, combendrá muchas vezes emplearlos como granaderos, se hacia para ellos 48 morrales o bolsas de Granaderos de vaqueta de Moscovia y, para escusar cartuchera, cada una de dichas volsas llevará 27 cartuchos de oja de lata, o bien de vadana cosida contra

la misma volsa. Los 11 cartuchos por la parte de adentro, en la porcion de volsa que toca al cuerpo del Dragon, y los otros 11 de la parte de afuera de la otra mitad de la volsa, de suerte que vengan solo a cubrirse con la buelta on tapa de la misma volsa, de cuio modo lo interior de esta quedará bastante desemborzada para entrar granadas. Las correas para las 48 volsas serán más anchas que las otras cartucheras y tendrán tambien su hevilla para alogarse y acortarse conforme combiene. D. Andrés Menéndez, Capitán del Regimiento de Zerdeña, que está en Barzelona, dirá quien hizo en aquella ziudad el año proximo pasado, volsas de este genero para todos los soldados de los dos Batallones de Asturias. Las correas se coxerán a la Bolsa por la parte de afuera del lado que la volsa toca al cuerpo, como se acostumbra entre la volsa y su tapa, de cuio modo nunca la tapa ajustaria bien y los cartuchos se cuerian o se mojarian. De los 22 cartuchos, los 18 serán para fusil y los quatro para pistola.

Uniforme dei battaglioni di Marina

Real Orden de 28 de abril de 1717[109].

Este vestuario se ha de dar generalmente a los Vatallones de dos en dos años y deve consistir en una casaca, chupa y calzón de paño azul con buelta y aforro colorado y botones de cobre dorados, los calzones aforrados de lienzo, un par de medias coloradas, un sombrero bordado el canto de un galón de seda color de oro, dos camisas, dos corbatas y un par de zapatos."

"El vestuario de los Sargentos devera tener un borde a la orilla de la buelta de un galón de oro y otro galón sobre la misma buelta."

"El de los Cavos devera tener solo el borde a la orilla a la buelta del mismo galón"

"Las libreas de los Tambores y Pifanos serán del mismo paño azul, con la misma divisa y guarnecidas por las bueltas, golpes y costuras de la cassaca y en la advertura de atras de un galón ancho de seda felpado color roxo, que servirá de fondo a tres listas separadas que se pondrán sobre el a lo largo, las dos moradas a los extremos y una dorada en medio, y los cantos de un rivete de los mismos colores."

"Todos los Soldados, Cavos, Tambores y Pifanos tendran su virretina de Granadero ademas del sombrero la qual será del mismo paño azul y su cartón al frente no muí levantado, vestido de piel de oso negro."

"Asi mismo tendrán para la Mar y países ardientes, ynclusos los Sargentos, un casacon ó sobre todo de lienzo crudo con su cuello y tres ojales de paño azul a cada lado en la zintura, otro devajo del cuello y tres en cada buelta de la manga, el qual les servirá para poner sobre la chupa y preservar el vestuario a bordo."

"Las vanderas que deveran tener esos Vatallones para quando marchan ó hagan el servicio en tierra deveran ser tres, las de los Capitanes Comandantes de los Vatallones, moradas con las armas del Rey y a las quatro esquinas quatro anclas, y las demás blancas con la cruz de Borgoña y a las quatro esquinas las anclas."

---

109   MIGUEL E JESÚS MARÍA ALÍA PLANA, *Historia de los uniformes de la Armada Española (1717-1814)*, Madrid, Ministerio de Defensa, Instituto de Historia y Cultura Naval, 1996, p. 139.

Tav. 26 Soldato e alfiere con bandiera dei battaglioni di Marina (fanteria di marina).

APPENDICE V[110]
STRUTTURA DEL CORPO DI SPEDIZIONE IN SICILIA

Nelle sue *Memorias militares* (in bianco e nero) e nella *Colección de cuadros y planos* (a colori) il marchese La Mina inserisce un *Plano* che mostra graficamente la formazione del corpo di spedizione in Sicilia[111]. Per quanto il titolo lo dati al 3 luglio 1718 una nota avverte che in esso sono compresi i battaglioni e squadroni attesi dalla Sardegna, che certi generali sono indicati col grado che ricoprirono in seguito e che sono riportati anche quelli fra essi che in Sicilia non andarono mai. Da questo si comprende trattarsi di un ordine di battaglia "ideale" tracciato a Barcellona prima della partenza della spedizione con lo scopo di collocare uomini e reparti al loro giusto posto evitando discussioni all'ultimo momento. Un *memorandum* insomma, assai diverso dall'effettiva formazione assunta dal corpo di spedizione dopo lo sbarco. Esso è tuttavia utile in quanto permette di avere un quadro della struttura di un esercito dell'epoca, basata su criteri completamente diversi da quelli attuali. Oltre il rango, ovvero la precedenza conferita dal grado e dall'anzianità, un elemento fondamentale era costituito dalla netta separazione tra fanteria, cavalleria e dragoni, che condizionava la loro posizione nell'ordine di battaglia: la fanteria al centro, la cavalleria sulle ali e i dragoni all'estremità dello schieramento. Non esistendo grandi unità in senso moderno l'esercito si articolava in linee, ali e brigate, che, secondo un uso mutuato dall'esercito francese, prendevano nome dal reggimento più anziano fra quelli in essa compresi: si aveva così la brigata di *Castilla*, di *Irlanda*, di *Borgoña* e così via. Ali, brigate, battaglioni e squadroni, a loro volta, erano disposti secondo un criterio di precedenza che vedeva come primo posto d'onore la destra, secondo la sinistra, terzo il centro. Gli ufficiali generali erano ripartiti sulla base dell'arma di provenienza e dell'anzianità. Mentre la divisione in linee e ali non aveva molta importanza pratica (il *Plano* non ne specifica nemmeno i comandanti), le ordinanze prescrivevano che il servizio (marce, accampamenti, etc.) si facesse per brigata, per cui era ben specificato quali fossero i brigadieri assegnati a ciascuna di esse. I marescialli di campo erano aggregati ai tenenti generali e non avevano un comando particolare, ma in battaglia erano loro a comandare le brigate, mentre i brigadieri tornavano al loro reggimento.

Il *Plano* del marchese La Mina mostra lo schieramento teorico dell'esercito del marchese di Lede come sarebbe apparso a un ipotetico osservatore che guardasse dall'alto. Come tale è incomprensibile a chi non conosca i complicati criteri che presiedevano alla redazione di questi documenti. Si è perciò tentato di dargli una forma simile a un ordine di battaglia moderno. Purtroppo il grafico è stato eseguito trent'anni dopo i fatti e quindi contiene diverse imprecisioni, senza contare che sfugge la ragione di certe disposizioni, apparentemente in contrasto con i criteri enunciati, per cui vi saranno senz'altro degli errori.

  Capitan General Marques de Lede

Plana Mayor
Maior General de la Infanteria Don Pedro de Castro Marques de Gracia Real
Mariscal de Logis de la Cavalleria El Theniente Coronel graduado Don Felipe de Gomicour
Maior General de Dragones El Theniente Coronel graduado Don Juan Eduardo Noel
Quartel Maestre y Gefe de Ingenieros El Theniente General Don Jorge Prospero Werbom [sic]
Comandante de la Artilleria El Coronel Don Sevastian de Matamoros

  [1.ª Linea]
[Fanteria dell'ala destra]
Theniente General Don Josef Armendaris
Mariscal de Campo Don Francisco Varis
Mariscal de Campo Conde Roidevile

---

110   A cura di Paolo Giacomone Piana.
111   *Plano del Exercito del Rey que desembarcò en Sicilia y puso Tiendas la primera vez unido con formalidad de lineas en el Campo de la torre del agua de Cosarios [sic] cerca de Palermo el dia 3 de Julio de 1718*, n° 12 in MARQUÉS DE LA MINA, *Colección de cuadros y planos*, cit. riprodotto in altra parte di questo volume.

[I Brigata di fanteria]
Brigadier Bartolomé Ladron
Guardias Españolas   4 Batt.
[II Brigata di Fanteria]
Brigadier Don Alexandro Carbon
Guardias Walonas   4 Batt.

[Fanteria dell'ala sinistra]
Theniente General Conde de Glimes
Mariscal de Campo Conde de Zueveghem
[I Brigata di fanteria]
Brigadier Marques de Moia
Saboia   2 Batt.
Valladolid   1 Batt.
[II Brigata di fanteria]
Brigadier Don Francisco Eboli
Napoles   1 Batt.
Aragon   1 Batt.
Milan   1 Batt.
[III Brigata di fanteria]
Brigadier Don Emanuel Navarra
Navarra   1 Batt.
Guadalajara   1 Batt.

[Cavalleria dell'ala destra]
Theniente General Don Juan Caracciolo
Mariscal de Campo Marques Villadarias
Mariscal de Campo Don Antonio Piñately
[Brigata di cavalleria]
Brigadier Conde Altomonte Don Nicolas San Severino
Borbon   3 Esq.
Brabante   3 Esq.
[Brigata di dragoni]
Brigadier Don Bartolomé Bosely
Batavia   4 Esq.
Edimbourg   4 Esq.

[Cavalleria dell'ala sinistra]
Theniente General El Marqués de San Vicente
Mariscal de Campo Don Felipe Dupuis
[Brigata di cavalleria]
Brigadier Don Diego Coxada [sic]
Farnesio   3 Esq.
Flandes   3 Esq.
[Brigata di dragoni]
Brigadier Don Pedro Chateaufort
Tarragona   4 Esq.
Frisa [sic]   4 Esq.
[2.ª Linea]
[Fanteria dell'ala destra]
Theniente General Don Lucas Espinola
Mariscal de Campo Varon Duart [d'Huart]

Mariscal de Campo Marqués de Berves [Verves]
[I Brigata di fanteria]
Brigadier Don Felipe Solis
Cordoba   2 Batt.
Madrid   1 Batt.
[II Brigata di fanteria]
Brigadier Don Reinaldo Macdon [Macdonnel]
Yrlanda [sic]   1 Batt.
Hibernia   1 Batt.
Ultonia   1 Batt.
[III Brigata di fanteria]
Brigadier Conde Bournonville
Borgoña   1 Batt.
Enau [sic]   1 Batt.
Utrehc [sic]   1 Batt.

[Fanteria dell'ala sinistra]
Theniente General Cavallero de Lede
Mariscal de Campo Don Geronimo Solis
[I Brigata di fanteria]
Brigadier Don Luis Aponte
Castilla   2 Batt.
Asturias   2 Batt.
[II Brigata di fanteria]
Brigadier Don Carlos Arizaga
Burgos   2 Batt.
Cantabria   2 Batt.

[Cavalleria dell'ala destra]
Theniente General Conde de Montemar
Mariscal de Campo Don Domenico Luquesi [Lucchesi]
[Brigata di cavalleria]
Brigadier Don Juan Armendariz
Millan [sic]   3 Esq.
Andalucia   3 Esq.
[Brigata di dragoni]
Brigadier Don Josef Vallejo
Numancia   4 Esq.

[Cavalleria dell'ala sinistra]
Theniente General Don Feliciano Bracamonte
Mariscal de Campo El Marques du Bus
[Brigata mista di cavalleria e dragoni]
Brigadier Cavallero de Aragona [sic]
Barzelona [sic]   3 Esq.
Salamanca   3 Esq.
Lusitania   4 Esq.
Parque
Batallon de Artilleria

FONTI E BIBLIOGRAFIA

Fonti d'archivio

Archives Généraux du Royaume (AGR)
    Conseil Royal de Felipe V: leg. 549;
Archivo General de Simancas (AGS)
    Conseil Royal de Felipe V: leg. 549;
    Contadoria Mayor de Cuentas: leg. 1950;
    Dirección General Tesoro: Inv. 7, Leg. 1–12;
    Guerra Moderna: legg. 1004, 1054, 2828, 3813, 3823, 5352, 5466, 5470; suppl. legg. 235, 402, 432;
    Tribunal Mayor de Cuentas: Leg. 1905.
Archivo Histórico Nacional – Madrid (AHN)
    Estado: legg. 740, 842, 2426.
Archivio di Stato di Genova (ASGe)
    Archivio Segreto: ff. 1668. 1689, 1690, 2469, 2648, 2668, 2671, 2684, 2685. 2880. 2940.
    Sala Foglietta: f. 176.
Biblioteca de Catalunya (Bibl. Cat.):
    Libros de entradas de soldados del Hospital de sta Creu de Barcelona.

Manoscritti

Guerra de Cerdeña y Sicilia en los años 1717-1720. Primera parte. BIBLIOTECA NACIONAL. Madrid, mss. 6310.
LA MINA, Marqués de (JAIME MIGUEL DE GUZMÁN DÁVALOS Y SPÍNOLA), *Colección de cuadros y planos sobre la Guerra de Cerdeña y Sicilia,* BIBLIOTECA NACIONAL. Madrid, Mss/6408.
LA MINA, Marqués de (Jaime Miguel de Guzmán Dávalos y Spínola), *Memorias militares: sobre la guerra de Cerdeña y Sicilia en los años de 1717 a 1720 e guerra de Lombardía en los de 1734 à 1736,* BIBLIOTECA NACIONAL. Madrid, MSS/5590-5592 (ed. a stampa Madrid, Fontanet, 1898, voll. 2).
Noticia del ejército que se hizo a la vela en Barcelona a 18 de Junio con expresión de oficiales generales, Regimientos, Armada marítima, artillería, e ingenieros, para la expedición de Sicilia, BIBLIOTECA NACIONAL. Madrid, MSS/18750 núm. 39.
SALAS Y OLARTE, José Julián, *Guerra de Sicilia,* BIBLIOTECA NACIONAL. Madrid, Mss/22647.
Sitio de Meçina, BIBLIOTECA NACIONAL. Madrid, MSS/20452.

Periodici contemporanei, documenti e relazioni ufficiali

Avvisi italiani, ordinarii e straordinarii, Vienna, anni 1717-1720.
Continuacion del diario, e progresos de le armas de España, en Sicilia, e del feliz sucesso que han logrado en la Batalla, que el dia 15 de octubre de 1718 se diò junto à Melazo, Madrid: Juan de Atiztia, 1718.
Continuatio Diarii von der unter Kommando … Generalen der Reuterey Heern Grafen von Mercy in Königreich Sicilien stehenden Armee. Aus dem Kaiserl. Feld-Lager bei Francavilla, vom 13. bis 25. Juni 1719, s.n.t.
Die Europaische Fama, anni 1717-1721.
Gaceta de Madrid, anni 1717-1720.
Mercure historique et politique. Volume LXVII, Août 1719.
Relacion de la Batalla que en 20 de Junio de 1719 se dio en el Campo de Francavilla en Sicilia entre el exercito de su Magestad y el de los Alemanes, Madrid, Juan de Ariztia, s.d.
Relacion individual de la rendición de Caller e pactos que se concedieron a la guarnición, la qual aviendo hecho llamada para capitular el dia 30. del passado, se le prescrivieron los que aqui van puestos, e con ellos passò a evaquar la Plaza el

dia 3. del corriente de este presente año de 1717. Zaragoza, s.e., 1717

Relacion veridica del combate que el dia once de Agosto de mil setecientos y diez y ocho, huvo entre la Armada de España, y la de Inglaterra, en las Costas Orientales de Sicilia, y en el Canal de Malta, Madrid, Imprenta de Juan de Aritzia, s.d.

Pubblicazioni (si omette la citazione di molte storie reggimentali)

ABIÁN CUBILLO, *David Alberto, La guerra de sitio en la Guerra de la Cuádruple Alianza (1717-1721): la defensa y asedio de las fortalezas en Sicilia*, in *Defensive Architecture of the Mediterranean. XV to XVIII centuries*, I, a cura di Pablo RODRÍGUEZ-NAVARRO, Valencia, Editorial Universitat Politècnica de València, 2015, pp. 731-738.

ALATRI, Paolo, *L'Europa dopo Luigi XIV*, Palermo, Sellerio, 1986.

ALBERONI, Giulio, *Lettres intimes de J. M. Alberoni adressées au comte I. Rocca ministre des finances du duc de Parme*, a cura di Emile BOURGEOIS, Paris, G. Masson, 1892.

ALBI DE LA CUESTA, Julio – STAMPA PINEIRO, Leopoldo – SILVELA MILANS DEL BOSCH, Juan, *Un Eco de Clarines. La Caballeria Española*, Madrid, Tabapress, 1992.

ALÍA PLANA, Miguel y Jesús María, *Historia de los uniformes de la Armada Española (1717-1814)*, Madrid, Ministerio de Defensa, Instituto de Historia y Cultura Naval, 1996.

ALONSO AGUILERA, Miguel Angel, *La Conquista y el Dominio español de Cerdeña. 1717-1720*, Valladolid, Universidad de Valladolid, 1977.

ALÒS I RIUS, ANTONIO, *Carta, instrucciones, y relación de servicios que... Antoni d'Alòs i de Rius... hescrivió a sus hijos...*, Palma de Mallorca, s.e., 1767.

ANDÚJAR CASTILLO, Francisco, *El sonido del dinero: monarquía, ejército y venalidad en la España del siglo XVIII*, Madrid, Marcel Pons Historia, 2004.

ANDÚJAR CASTILLO, Francisco, *Entre la corte y la guerra. Militares italianos al servicio de España en el siglo XVIII*, in *Italiani al servizio straniero in età moderna*, a cura di Paola BIANCHI, Davide MAFFI, Enrico STUMPO, Milano, FrancoAngeli, 2008, pp. 105-134.

ANTONICELLI, Aldo, *Oared Square Rigged Warships in the Eighteenth-century Mediterranean*, in *The Mariner's Mirror*, 103:2 (2017), pp. 205-206,

AREZIO, Luigi, *Il cardinale Alberoni e l'impresa di Sardegna del 1717*, in *Archivio storico sardo*, 2, 1906, pp. 257-309.

AREZIO, Luigi, *La Sardegna e il trattato della Quadruplice Alleanza nelle Carte Farnesiane di Napoli*, in *Archivio storico sardo*, 2, 1906, pp. 335-369 e 3, 1907, pp. 116-179.

BELANDO, Nicolas de Jesus, *Historia civil de España. Sucesos de la guerra, y tratados de paz, desde el año de mil setecientos, hasta el de mil setecientos y treinta y tres*, Madrid, Manuel Fernandez, 1740-1744, voll. 3.

BOERI, Giancarlo – BELLOSO MARTIN, Carlos, *Uniformi della fanteria spagnola nel 1718-1720 (Operazioni in Sicilia e Sardegna)*, disegni di Roberto Vela, in *Panoplia*, III, n. 9, gennaio-marzo 1992, pp. 22.23.

BOERI, Giancarlo – MIRECKI QUINTERO, José Luis de - PALAU, José, *La guerra per la difesa della Sicilia 1718-1720 Parte II. L'esercito spagnolo*, disegni di Roberto Vela, in *Armi Antiche. Bollettino dell'Accademia di San Marciano, 1998"* Torino, 2004, pp. 67-88.

BOERI, Giancarlo – MIRECKI QUINTERO, José Luis - PALAU, José, *The Spanish Armies in the War of the League of Augburg (Nine Years War 1688-1697)*, s,l. (ma USA), Dan Schorr, 2001 (ed. in CD).

BOERI, Giancarlo – DE MIRECKI QUINTERO, José Luis de - PALAU, José, *Los tercios de Carlos II durante la Guerra de los Nueve Años (1689-1697)*, Tomo I España y Africa, Madrid, La Espada y la Pluma, 2006.

BOERI, Giancarlo – MIRECKI QUINTERO, José Luis de - PALAU, José, *Spanish Armies in the War of the League of Augsburg (1689-1697)*, disegni di Robert Hall, [Hertford (UK)], The Pike and Shot Society, 2011.

BRAGADO ECHEVARRÍA, Javier, *Los regimientos suizos al servicio de España en el siglo XVIII. Diplomacia, guerra y sociedad militar (1700-1755)*, Tesis doctoral, Universidad de Granada, Departamento de Historia Moderna y de América, 2017.

BUENO, José María, *Italiani al servizio di Spagna 1700/1820*, Milano, Editrice Militare Italiana, 1989.

BUENO, José María, *La Infantería y la Artillería de Marina 1537-1931*, Málaga, José María Bueno, 1985.

CALDARERA, Ruggiero, *La battaglia di Francavilla (20 giugno 1719). Studio storico-topografico con documenti inediti e rari*, Catania, tip. ed. dell'Etna, 1900.

CANDIANI, Guido, *Navi per la nuova marina della Spagna borbonica. L'Asiento di Stefano de Mari, 1713-1716*, in *Mediterranea – ricerche storiche*, Anno XII – Aprile 2015, n. 33, pp. 107-131.

CASTELLVÍ, Francisco de, *Narraciones históricas*, a cura di José María ALSINA e di Joseph MUNDET I GIFFRE, Madrid, Fundación Francisco Elías de Tejada, 1997-2002 (Voll. 4).

CAU, Paolo, *La spedizione spagnola per la riconquista della Sardegna (1717)*, in RiD – Rivista Italiana Difesa, N° 10 Ottobre 2013, pp. 93-97.

CLONARD, Conde de (Serafín María de Soto y Montes), *Historia Organica de le armas de Infanteria y Caballeria españolas*, Madrid, diversi editori, 1851-1860, voll. 16.

[CLONARD, Conde de (Serafín María de Soto y Montes)], *Memorias para la Historia de le Tropas de la Casa Real de España*, Madrid, Imprenta Real, 1828.

CLOWES, William Laird, *The Royal Navy. A History from the Earliest Times to the Present*, London, Sampson Low, Marston and Company, 1897-1903, voll. 7.

[CORBETT, Thomas], *An account of the expedition of the British Fleet to Sicily, in the years 1718, 1719, and 1720*, 3ª ed. London, J. and R. Tonson, 1739.

[DE COLPI, Benedetto], *Diario di tutto quello successe nell'ultima guerra di Sicilia fra le due Armate Alemana (sic) e Spagnola*. Colonia [ma Palermo], s.e., 1721.

FERNÁNDEZ DURO, Cesáreo, *Armada Española desde la unión de los Reinos de Castilla y de Aragón*, Madrid, Est. Tipográfico «Sucesores de Rivadeneyra», 1895-1902 (rist. anast. Madrid, Museo Naval, 1973), voll. 9.

FONDEVILLA SILVA, PEDRO, *Las Galeras de España del siglo XVIII*, nel sito «3decks», http://3decks.pbworks.com;

GAZANO, MICHELE ANTONIO, *La Storia della Sardegna*, Cagliari, Reale Stamperia, 1777, voll. 2.

GERBA, Raimund, *Die Kämpfe der Kaiserlichen in Sicilien und Corsica 1717-1720 und 1730-1732 (Feldzüge des Prinzen Eugen von Savoyen)*, Wien, C. Gerold's Sohn, 1891; trad. it. *Guerre in Sicilia e in Corsica negli anni 1717-1720 e 1730-1732 (Campagne del Principe Eugenio di Savoia)*, Torino, Roux e Viarengo, 1901.

GIACOMONE PIANA, Paolo, *L'ammiraglio Stefano De Mari*, in *Bollettino d'Archivio dell'Ufficio Storico della Marina Militare*, dicembre 2012, pp. 11-26.

GIARDINA, Gaetano, *Memorie storiche del Regno di Sicilia dall'anno 1718 al 1720*, (*Diari della città di Palermo dal secolo XVI al XIX*, a cura di Gioacchino DI MARZO, vol. XI), Palermo, Luigi Pedone Lauriel, 1873.

GIRARD, François, *Histoire abrégée des Officers Suisses qui se sont distingués aux services étrangers dans des grades supérieurs*, Friburgo, B. Louis Piller, 1781-1782 (Voll. 3).

GOMEZ, Santiago, schede diverse nelle categorie «Biografías de Marinos 1701 a 1833», «Buques 1701 a 1833», «Fragatas 1701 a 1833» e «Ordenes de Batalla 1701 a 1833» nel sito «Historia Naval de España», http://todoavante.es/.

GOMEZ RUIZ, Manuel – ALONSO JUANOLA, Vicente, *El Ejército de los Borbones*, Vol. I 1700-1746 Madrid, Servicio Historico Militar y Museo del Ejército, 1989.

HANLON, Gregory, *The twilight of a military tradition. Italian aristocrats and European conflicts, 1560-1800*, Londra, University College London, 1998.

HATTENDORF, John B., *Admiral Sir George Byng and the Cape Passaro Incident, 1718: A case study in the use of the Royal Navy as a deterrent*, in *Guerres et Paix 1660-1815*, Vincennes, Service Historique de la Marine, 1988, pp. 19-38.

HOLZHALB, Hans Jakob, *Supplement zu dem allgemeinen helvetisch-eidgenößischen oder schweizerischen Lexicon*, Zurigo, a cura dell'autore, 1786-1795 (Voll. 6).

ILARI, Virgilio - BOERI, Giancarlo - PAOLETTI, Ciro - *Tra i Borboni e gli Asburgo. Le armate terrestri e navali italiane nelle guerre del primo Settecento (1701-1732)*, Ancona, Nuove Ricerche, 1996.

JANSEN, André, *Histoire illustrée des Gardes Royales Wallonnes au service des Bourbons d'Espagne (1702-1822)*, Bruxelles, Les Editeurs d'Art Associés, 1989.

LA LUMIA, Isidoro, *La Sicilia sotto Vittorio Amedeo di Savoia*, 2ª ed., Livorno, Francesco Vigo, 1877.

LAMBERTY, Guillaume de, *Memoires pour servir à l'histoire du XVIIIe siècle*, Amsterdam, Henri Scheurleer [poi] Pierre Mortier 1724-1740, voll. 14.

LAUGHTON, John Knox, *Byng, George*, in *The Dictionary of National Biography*, a cura di LESLIE STEPHEN, 2ª ed., III, London, Smith, Elder & Co., 1908, pp. 567-570.

LAUGHTON, JOHN KNOX, *Camocke, George*, in *The Dictionary of National Biography*, a cura di Leslie STEPHEN, 2ª ed., vol. III, Londra, Smith, Elder & Co., 1908, pp. 757-758.

LO FASO DI SERRADIFALCO, Alberico, *I Piemontesi in Sicilia. L'assedio di Messina (luglio-settembre 1718)*, in *Studi Piemontesi*, vol. XXXII, fasc. 2 (dicembre 2003), pp. 473-497.

MADAO, Matteo, *Dissertazioni storiche apologetiche critiche delle sarde antichità*, Cagliari, Reale Stamperia, 1792 Voll. 2.

MAFFI, Davide, *Al servicio del Rey: la oficialidad aristocrática de "nación" italiana en los ejércitos borbónicos (1700–1808)*, in *Cuadernos de Historia Moderna*, X, 2911, pp. 103-121

MAHAN, Alfred Thayer, *The influence of Sea Power on History 1660-1783*, Boston, Little, Brown and Company, 1890.

MANZANO LAHOZ, Antonio. *Las Banderas Historicas del Ejército Español*, Madrid, Ministerio de Defensa, 1996.

MANZANO LAHOZ, Antonio. *El Ejército que vuelbe a ganar batallas. Felipe V*, Madrid, Ciudadela Libros S.L. Grupo Atena Seguridad y Defensa, Diciembre 2011.

MARTINI, Raffaele, *La Sicilia sotto gli austriaci (1719-1734)*, Palermo, Alberto Eber, 1907.

MAUGERI, Salvatore – FERRARA, Giuseppe, *La battaglia di Francavilla nel contesto dell'Europa del '700*, Castiglione di Sicilia (CT), Il Convivio, 2006.

MAY DE ROMAINMOTIER, Emmanuel, *Histoire militaire de la Suisse, et celle des Suisses dans les différens services de l'Europe*, Losanna, J.P. Heurbach et Comp., 1788 (Voll. 8).

[MIGLIACCIO, Vincenzo], *Vera e distinta relazione de' progressi dell'Armi Spagnuole in Messina, e suo Distretto*, Messina, Stamperia d'Amico, 1718.

MIRECKI QUINTERO, José Luis. *De los orígines legendarios del Tercio de la Mar de Nápoles, luego Regimiento de la Corona*, in *Estudios sobre Guerra y Sociedad en la Monarquía Hispánica*. Madrid: Albatros, 2017, pp. 249-260.

MONGITORE, Antonino, *Diario palermitano dal 1703 al 1719*, (*Diari della città di Palermo dal secolo XVI al XIX*, a cura di Gioacchino DI MARZO, vol. VIII), Palermo, Luigi Pedone Lauriel, 1873.

MUÑOZ CORBALAN, Juan Miguel, *Verboom. Jorge Próspero Verboom. Ingeniero militar flamenco de la monarquía hispanica*, Madrid, Fundación Juanelo Turriano, 2015.

NARDI, CARLO, *Della famiglia Giovene de' duchi di Girasole. Ragguaglio storico-genealogico*, Lucca, s.e., 1736.

O'DONNELL Y DUQUE DE ESTRADA, Hugo, *Nacimiento y desarollo de la Armada naval*, in *Felipe V y su tiempo*, Congreso internacional, a cura di Eliseo SERRANO MARTÍN, Sección cuarta Guerra y Paz – Ponencias, Zaragoza, Institución «Fernando el Católico», 2004, pp. 683-700.

Ordenanzas de su Magestad para el Regimen, Disciplina, Subordinacion, y Servicio de la Infanteria, Cavalleria y Dragones de sus Exercitos en Guarnicion y en Campaña, Madrid, Juan de Ariztia, 1728.

OTTIERI, Francesco Maria, *Istoria delle guerre avvenute in Europa e particolarmente in Italia per la successione alla Monarchia delle Spagne dall'anno 1696 all'anno 1725*, Roma, s.e., 1753-1757, voll. 4.

PAPAGNA, Elena, *Pignatelli, Antonio* in *Dizionario Biografico degli Italiani*, - Volume 83 (2015), Roma, Istituto della Eniclopedia Italiana, ed. elettronica.

PÉRES FRÍAS, Pedro Luis, *Unidades Extranjeras en el Ejército Borbónico Español del Siglo XVIII*, in *Los Extranjeros en la España Moderna*, I Coloquio Internacional, Tomo II, Madrid, Ministerio de Ciencia e innovación, 2003, pp. 631-643.

PIAGGIA, Giuseppe. *Nuovi studj sulle memorie della città di Milazzo*, Palermo, Tip. Giornale di Sicilia, 1866.

PORTUGUÉS Y MONENTE, José Antonio, *Colección General de las Ordenanzas Militares del Ejército de España desde 1551 hasta 1758*, Madrid, Antonio Marin, 1764-1765, voll. 10.

Real cédula sobre que los uniformes de las tropas sean de fábricas de España, 20 de Octubre de 1719, s.n.t.

RIBOT GARCÍA, Luis Antonio. *Las reformas militares y navales en tiempos de Felipe V.*, *Estudios de historia: home-*

naje al profesor Jesús María Palomares, Valladolid, Universidad de Valladolid, 2006, pp. 129-162.

ROUSSET DE MISSY, Jean. *The History of Cardinal Alberoni: Chief Favourite of Their Catholick Majesties; and Universal Minister of the Spanish Monarchy; from His Birth to the Year 1719. To which are Added, Considerations Upon the Present State of the Spanish Monarchy*, London, Sam Illidge, 1719.

SAMANIEGO, Juan Antonio, *Disertación sobre antigüedad de los Regimientos de Infanteria, Caballeria y Dragones de España*, Madrid, s.e., 1738 (rist. Madrid, Ministerio de Defensa, 1992).

Sánchez Martín, Juan Luis, *Lucas de Spínola y Spínola*, in *Diccionario Biográfico Español*, Madrid, Real Academia de la Historia, 2018, ed. elettronica.

SAN FELIPE, Marqués de (Vicente Bacallar y Sanna), *Comentarios de la guerra de España, e historia de su rey Phelipe V. El animoso, desde el principio de su reinado, hasta la Paz General del año de 1725.*, Genova, Matheo Garvizza, 1725, voll. 2 (rist. Madrid, Ediciones Atlas, 1957).

SORANDO MUZAS, Luis, *Banderas, estandartes y trofeos del Museo del Ejército. 1700-1843. Catalogo razonado*, Madrid, Ministerio de Defensa. Aprile 2001.

SPANU, Luigi, *Riconquista Spagnola della Sardegna – La Spedizione del 1717 – Nei "Comentarios" di Vincenzo Bacallar*, in *Il ritrovo dei Sardi*, Anno VII – Numero 112 – agosto 2010, ed. elettronica.

STELLARDI, Vittorio Emanuele, *Il regno di Vittorio Amedeo II di Savoia nell'isola di Sicilia dall'anno MDCCXIII al MDCCXIX*, Torino: eredi Botta, 1862, voll. 3.

TOLA, Pasquale, *Dizionario biografico degli uomini illustri di Sardegna*, Torino, Chirio e Mina, 1837-1838 (Voll. 3).

Uniformes de la Armada. Tres siglos de historia (1700-2000), Madrid, Ministerio de Defensa. Secretaría General Tecnica, 2013-2017, voll. 4.

UZTÁRIZ, Jerónimo de, *Theórica y práctica de Comercio y de Marina*, s.l., s.e., s.d. (ma 1724).

VELA SANTIAGO, Francisco - GRAVALOS GONZALEZ, Luis, *Los Dragones en el Ejercito Español (1635-1803/1805-1821/1885-1931)*, Madrid, Gravalos Gonzalez, 2011.

VIGON SUERODIAZ, Jorge, *Historia de la Artilleria Española*, Madrid, Instituto Jeronimo Zurita, 1947, voll. 3.

VILLABIANCA, Francesco Maria Emanuele Gaetani marchese di, *Della Sicilia nobile*, Palermo, Stamperia de' Santi Apostoli, 1754-1759 (Voll. 4)

WINFIELD, Rif, *British Warships in the Age of Sail 1714-1792. Design, Construction, Careers and Fates*, Barnsley (S. Yorks.), Seaforth Publishing, 2007.

Wunderwürdiges Leben und Groß-Thaten Ihro Jetzt-Glorwürdigst-Regierenden Kayserl. und Catholischen Majestät Caroli des Sechsten: Nach Denen Merckwürdigsten Umständen, aus den besten Authoribus zusammen getragen, und mit schönen Kupffern gezieret, Nurenberg, Johann Leonhard Buggel & Johann Andreas Seitz, 1721.

Siti Internet sulla guerra del 1717-1720

«L'Assedio di Milazzo del 1718/19», blog pubblicato da Massimo TRICAMO (Società Milazzese di Storia Patria), https://assediodimilazzo.blogspot.it.

Altri siti Internet

«Caballipedia», http://caballipedia.es (sito dedicato alla cavalleria spagnola strutturato come «Wikipedia» di cui ricalca i difetti).

«Contando historias antiguas... de militares», http://www.genmarenostrum.com.

«Cátedra de Historia y Patrimonio Naval», https://blogcatedranaval.com.

«Historia Naval de España», http://todoavante.es.

«Los ejércitos del Rey», Juan José Torres & Enrique Grégory, http://losejercitosdelrey.es/.

«Los Ingenieros del Rey», http://www.ingenierosdelrey.com.

«Historia Naval de España», http://todoavante.es.

«Todo a babor», https://www.todoababor.es.

«Wikipedia» (Le voci di questo sito, assolutamente anonime e modificabili da chiunque, molte volte non sono affidabili).

NOTE ALLE TAVOLE (sul primo volume tav da 1 a 8)

Tav. 1 Granatiere e ufficiale superiore a cavallo del reggimento delle Guardie di fanteria spagnole.

Tav. 2 Ufficiale subalterno e sergente del reggimento delle Guardie di fanteria spagnole.

Tav. 3 Alfieri del reggimento delle Guardie di fanteria vallone con bandiera reale e di battaglione.

Tav. 4 Soldato del reggimento dell'artiglieria; piffero e alfiere con bandiera di battaglione del Reggimento delle Guardie di fanteria spagnole.

Tav. 5 Fucilieri dei reggimenti di fanteria *Irlanda* e *Castilla*.

Tav. 6 Fucilieri dei reggimenti di fanteria *Hibernia* e *Aragón*.

Tav. 7 Fuciliere del reggimento di fanteria *Navarra*.

Tav. 7bis Fucilieri dei reggimenti di fanteria *Irlanda* e *Navarra*.

Tav. 8 Granatieri dei reggimenti di fanteria *Valladolid* e *Ultonia*.

Tav. 9 Ufficiale e fuciliere dei reggimenti di fanteria *Borgoña* e *Guadalajara*.

Tav. 10 Fucilieri e ufficiale del reggimento di fanteria *Milán*.

Tav. 11 Reggimenti di fanteria spagnola e vallona (*Cantabria, Córdoba, Asturias, Burgos, Madrid, Haynaut*).

Tav. 12 Reggimenti di fanteria italiani (*Sicilia, Basilicata, Mesina, Napoles, Cerdeña, Liguria*).

Tav. 13 Reggimenti di fanteria levati in Sicilia (con gli stemmi riconducibili alla denominazione)

Tav. 14 Tamburo del reggimento delle Guardie spagnole e soldato del reggimento di dragoni *Edimburgo*.

Tav. 15 Reggimento dell'artiglieria

Tav. 16 Soldato del reggimento di dragoni *Lusitania* e fuciliere del reggimento di fanteria *Saboya*.

Tav. 17 Ufficiale del reggimento di cavalleria *Flandes*.

Tav. 18 Tromba del reggimento di cavalleria *Alcántara*.

Tav. 19 Portastendardo del reggimento di cavalleria *Milán*.

Tav. 20 Reggimento di cavalleria *Borbón*.

Tav. 21 Uniformi di alcuni reggimenti di cavalleria (*Brabante, Farnesio, Barcelona, Andalucía, Salamanca, Alcántara*).

Tav.22 Portaguidone del reggimento di dragoni *Numancia*.

Tav. 23 Tamburo del reggimento di dragoni *Lusitania*.

Tav. 24 Soldato del reggimento di cavalleria *Sicilia*.

Tav.24 bis Soldato del reggimento di dragoni *Caller*.

Tav. 25 Uniformi di alcuni reggimenti di dragoni (*Lusitania, Tarragona, Edimburgo, Frisia*).

Tav. 26 Soldato e alfiere con bandiera dei battaglioni di Marina (fanteria di marina).

È possibile che gualdrappe e coprifonda, secondo l'uso dell'epoca, fossero decorati con le cifre reali, o lo stemma del reggimento, ma nelle scarne fonti documentarie non si trovano riscontri concreti. La raccolta di *gouaches* della *Brown University* non fornisce elementi a proposito, per cui, in mancanza di certezze, si è preferito omettere stemmi e cifre reali.

Le bandiere dei reggimenti che hanno partecipato alle spedizioni di Sardegna e di Sicilia (1717-1720) sono basate su quelle rappresentate nella citata raccolta della *Brown University*, databile al 1746 circa, essendo abbastanza plausibile che tali insegne non siano variate molto nel periodo di tempo intercorso (come sembra si possa dedurre dal testo delle riviste d'ispezione passate ai corpi nel corso degli anni).

NOTES TO THE PLATES

The Spanish soldier's dress was generally inspired by those of the French army, a white coat for the infantry, with the exception of the regiments of the Spanish and Valoon Guards, (dressed in a very similarly fashion to the *Gardes françaises*), and of some Irish regiments wearing the traditional red coats. Artillery, since 1717, became clothed in blue with red facings, while Swiss regiments were clothed in blue or in red. Facing colours that were established in 1717 remained valid, with a few exceptions, for over the following forty years. It should be noted that on November 17th 1717 it was decided that the dress for all the Dragoons should be yellow with facings distinguishing the various units, and the yellow remained the characteristic colour of the dress of Spanish Dragoons for nearly a century, while in advance the coats could show different colours, preferably red.

Infantry drummers and fifers, cavalry trumpeters and dragoons drummers often were clothed in the colour of the facings of the regiment, but could also be dressed as their soldiers, their coats though laced with the livery of the regiment. The units that carried the name of members of the royal family usually carried the royal livery (a blue coat with red facings with a red and white lace, or a red coat with blue facings for those bearing the name of the Queen).

Table 2 supplies the list of the colours of the coats and facings for all the units that took part at the expedition against Sardinia and Sicily or were formed in the two islands for the war.

<u>Note</u> As for saddle-cloths and pistol-holsters it is possible that, beside the external lace, they carried, as was usual at the time, royal chiphres or regimental arms, but we have no positive match in official dcumentation. The relative gouaches of the Brown's collection (1746 circa) do not supply any clear additional element, for this reason we chose not to add anything.

As for the colours we took as a reference those represented in the above said Brown's collection for the regiments that were involved in the expedition to Sardinia and Sicily (1717-1720), in the assumption, we think a plausible one, that Spanish army's colours did not vary to a great extent in this interval of time (as we think it can be deduced from the results of the reviews to the units carried out in the course of the years).

Colours.

By an order of 26 december 1717, given by the marquis de Lede, as Inspector General of the Infantry, it was attempted to unify the pattern of all the colours of the army : the colonel's had to have a white ground over which were shown the royal arms, all the others white with a red Burgundy cross, allowing colonels to place at the four extremities of the cross the coat of arms of the kingdom or the province the name of which the regiment carried, or any other particular symbol the regiment could use. The colonel's colour could not bear any other arms than the royal ones, which were surrounded by the collars of the Golden Fleece and of the Holy Spirit. Very likely on the field of the Battalion colour (sencilla) there was the title of the regiment in golden letters.

This rule did not apply to the colonel's colours of the two infantry regiments of the Guards, the Spanish and the Valoon regiment, which had the field crimson red and blue for the, as well as the royal regiment of the artillery, that had a blue field. Also the Swiss regiments had their Batallion colours divided in four fields by a white cross with the traditional multi-colour flames.

Cavalry carried square standards generally red for the squadroon's and white for the colonel's, with rich and thick embroideries in silver and gold; dragoons had tailed guidons and the rest similar to the cavalry standards. Actually until the years 1750 in the mounted units there were numerous exceptions to the rule, as some regiments kept for a long time guidons and standards of the first formation or one by them inspired, with colours, devices and arms in disaccord from the regulations.

The gardes du corps had standards similar to those of the French Household, the coulour of which (red, yellow or e green) indicated the nationality of the company (red per for the Spanish, yellow for the Flemish and green for the Italian one); the same colour showed in the bandolier, all laced with silver lace.

SOLDIERS, WEAPONS & UNIFORMS ALREADY PUBLISHED
(SOME TITLES)

UNIFORMS OF RUSSIAN ARMY IN THE ERA OF ANCIENT TZAR
FROM THE REIGN OF VASILI IV TO MICHAEL I, ALEXIS, FEODOR III DURING THE XVII th CENTURY
A.V.VISKOVATOV   LUCA STEFANO CRISTINI
SWU-600-004

UNIFORMS OF RUSSIAN ARMY OF PETER I THE GREAT
FROM THE REIGN OF PETER I TO CATHERINE I, PEER II, ANNA AND IVAN VI. 1682-1741
A.V.VISKOVATOV   LUCA STEFANO CRISTINI
SWU-700-006

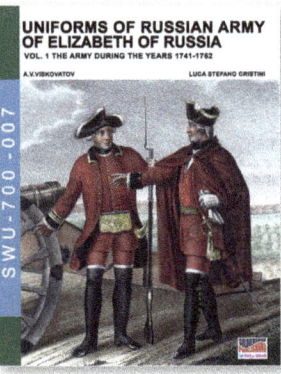

UNIFORMS OF RUSSIAN ARMY OF ELIZABETH OF RUSSIA
VOL. 1 THE ARMY DURING THE YEARS 1741-1762
A.V.VISKOVATOV   LUCA STEFANO CRISTINI
SWU-700-007

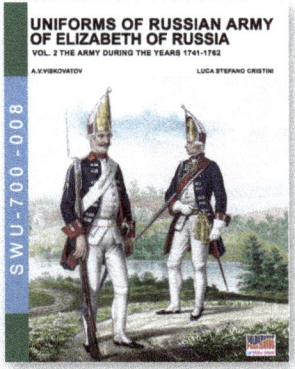

UNIFORMS OF RUSSIAN ARMY OF ELIZABETH OF RUSSIA
VOL. 2 THE ARMY DURING THE YEARS 1741-1762
A.V.VISKOVATOV   LUCA STEFANO CRISTINI
SWU-700-008

UNIFORMS OF RUSSIAN ARMY IN THE XVIII CENTURY VOL. 1
UNDER THE REIGN OF CATHERINE II EMPRESS OF RUSSIA BETWEEN 1762 AND 1796
A.V.VISKOVATOV - LUCA STEFANO CRISTINI
SWU-700-005

UNIFORMS OF RUSSIAN ARMY IN THE XVIII CENTURY VOL. 2
UNDER THE REIGN OF CATHERINE II EMPRESS OF RUSSIA BETWEEN 1762 AND 1796
A.V.VISKOVATOV - LUCA STEFANO CRISTINI
SWU-700-009

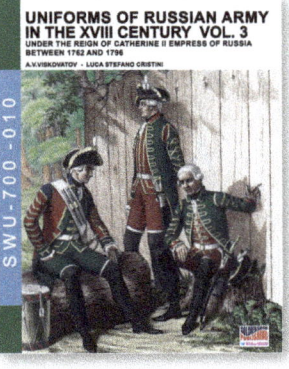

UNIFORMS OF RUSSIAN ARMY IN THE XVIII CENTURY VOL. 3
UNDER THE REIGN OF CATHERINE II EMPRESS OF RUSSIA BETWEEN 1762 AND 1796
A.V.VISKOVATOV - LUCA STEFANO CRISTINI
SWU-700-010

UNIFORMS OF RUSSIAN ARMY IN THE XVIII CENTURY VOL. 4
UNDER THE REIGN OF CATHERINE II EMPRESS OF RUSSIA BETWEEN 1762 AND 1796
A.V.VISKOVATOV - LUCA STEFANO CRISTINI
SWU-700-011

BRITISH ARMY UNIFORMS IN 1742
IN THE ART OF JOHN PINE
SWU-700-001

PRUSSIAN & AUSTRIAN ARMY UNIFORMS IN 1742-1770
LUCA STEFANO CRISTINI
SWU-700-002

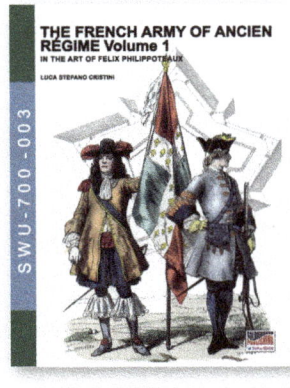

THE FRENCH ARMY OF ANCIEN RÉGIME Volume 1
IN THE ART OF FELIX PHILIPPOTEAUX
LUCA STEFANO CRISTINI
SWU-700-003

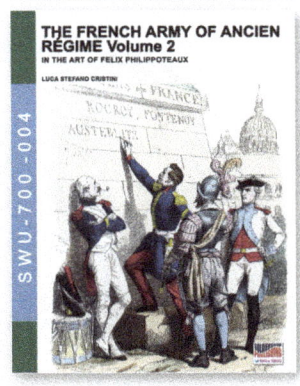

THE FRENCH ARMY OF ANCIEN RÉGIME Volume 2
IN THE ART OF FELIX PHILIPPOTEAUX
LUCA STEFANO CRISTINI
SWU-700-004

THE EXERCISE OF ARMES
JACOB DE GHEYN II - LUCA S. CRISTINI
SWU-600-001

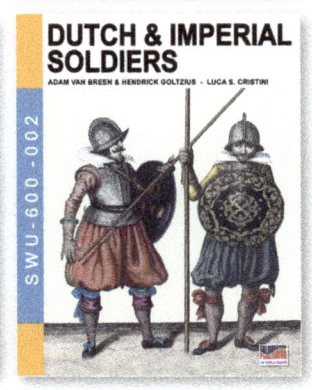

DUTCH & IMPERIAL SOLDIERS
ADAM VAN BREEN & HENDRICK GOLTZIUS - LUCA S. CRISTINI
SWU-600-002

HORSEMEN IN THE 16TH & 17TH C.
JACOB DE GHEYN II - A.DE BRUYN - LUCA S. CRISTINI
SWU-600-003

IMPERIAL SOLDIERS & UNIFORMS 1640-1860
IN THE ART OF FRANZ GERASCH
LUCA S.CRISTINI   Plates by FRANZ GERASCH
SWU-GEN-001